# 行動力のコツ

結果を出せる人になる96のことば

植西 聰

自由国民社

# まえがき

願望を叶えるためには「行動する」ということが必要になります。

「こんな自分になりたい」「あんなことを成し遂げてみたい」と、頭の中で考えているだけでは、その願望を実現させることはできません。

その願望に向けて、足と手を動かして一歩踏み出さなければならないのです。

しかし、その「一歩踏み出す」ということが、なかなかできない人がいます。

その理由は様々です。

「今、忙しいから、できない」

「他にやることがある」

「よく考えてからでも、遅くない」

しかし、そのような言い訳をして行動することを先延ばしにしたまま、結局は何もしないまま終わってしまう、というケースもあるようです。

せっかく「こんなことをしたい」という願望を持ったのに、まったく行動を起こさないまま終わってしまうのでは、非常にもったいないことだと思います。

また、その本人も、後になってから、「やっぱり、あの時、願望実現に向けて行動を起こしておくべきだった」と後悔することになるのではないでしょうか。

したがって本書では、まず、一歩を踏み出して行動を始めるためのヒントを色々な角度から解説しています。


一方で、最初の一歩を踏み出したものの、到着点にたどり着く前に、あきてしまったり、途中で投げ出してしまったりする、ということもあります。

困難に直面して、挫折してしまうこともあると思います。

そうなると、それまでの努力が水の泡になってしまうのですから、これもまたもったいないことだと思います。

したがって本書では、どうすれば到着点まで行動を継続していけるのか、ということに関しても様々なアドバイスをしています。


行動を継続していく段階で、たとえ失敗したとしても、その人は能力的にも、また人間的にも成長していきます。

そして、その本人も、自分が成長していることに大きな喜びを感じられるようになるものです。

逆の言い方をすれば、何も行動しないでいると、何の成長もありません。

現状維持のままです。前進もなければ、成長もありません。

それでは生きていて、あまりに寂しいのではないでしょうか。

行動すれば何かが生まれます。動けば何かが得られるのです。

それは、その人を幸福にしてくれる「何か」だと思います。

本書が、そんな「何か」を生み出し、「何か」を得るためのお役に立てば、著者とすればうれしい限りです。

著者

# 目次

## 第2章　必ずできると思う　39

## 第3章　すぐ動く　63

## 第4章　迷ったら行動する　87

## 第5章　夢の場所に行く　111

## 第6章　段階的に動く　135

## 第7章　直感に従う　157

## 第8章　継続する　179

## 第9章　他人のために動く　201

# 第1章
# チャレンジする

# やりたいことに向かって積極的に行動する

## ◆心がマイナスになっていると、行動力がなくなる

チャレンジ精神を持って行動的に生きていくことは、とても大切です。

それが充実した、満足のいく人生につながるからです。

多くの人には、「こんなことをしてみたい。新しいことに挑戦してみたい」という思いがあると思います。

しかし、そんな「やってみたい」という願望を行動に移す人と、何の行動も起こさないままでいる人がいます。その「行動するか、行動しないか」が、その人の人生を大きく変える分かれ目になるのです。

やりたいことがあるのに、それを行動に移さない人は、往々にして、虚《むな》しい人生を

送ってしまいがちなのです。

したがって、やりたいことがあるのであれば、それに向かって積極的に行動していくほうがいいと思います。

やりたいことがあっても行動しないまま終わってしまうという人には、ネガティブ思考の持ち主が多いようです。

やりたいことがあっても、すぐに「どうせ、うまくいかないに決まっている」「途中で挫折することになるのではないか」などとネガティブなことを考えてしまうのです。

ネガティブなことを考えて、心がマイナスの状態になってしまうと、行動力がなくなってしまいます。

言い換えれば、心をプラスの状態にすることが、強い行動力を発揮するコツです。

そのためには、**やりたいことをしている自分の姿をイメージしながら、「楽しいだろうなあ」「うれしいだろうなあ」と、ポジティブなことを考える**のです。

そうすれば意欲が高まり、強い行動力も出てきます。

# 大胆に行動すれば、幸運が自分に味方してくれる

## ◆不安を引きずったままでは、行動力を発揮できない

19世紀のイギリスの作家にウィリアム・サッカリーがいます。

『虚栄の市』といった作品で、日本でも有名です。

このウィリアム・サッカリーは、**「大胆に挑戦すれば、世界は必ず譲歩する」**と述べました。

何かやりたいことがあっても、「自分には無理じゃないか」と不安に思うことがあるかもしれません。

しかし、そんな不安を引きずったままでは、「大胆に挑戦する」ということはできないでしょう。

そのために行動力も鈍《にぶ》ってしまいます。

そうなれば、チャレンジしたことに成功する可能性も低くなってしまうのです。

したがって、「自分には無理じゃないか」と不安に思うことがあったとしても、そのようなネガティブな思いはかなぐり捨てて、「いや、だいじょうぶ。必ずできる」と思い直すことが大切です。

そのようにネガティブ思考からポジティブ思考に意識の持ち方を切り替えることによって、より大胆な行動ができるようになります。つまり大胆に挑戦できるのです。

そして大胆に行動し、大胆に挑戦すれば、「世界は必ず譲歩する」のです。

この「世界は必ず譲歩する」という言葉の意味は、わかりやすく言い換えれば、「無理だと思うようなことであっても、思わぬ幸運を得られて、望んでいたことが実現する」ということです。

ですから、いつもポジティブ思考を心がけて、やりたいことに向かって大胆にチャレンジしていくことが大切です。

# 心の中を「楽しい夢」で一杯に満たす

## ◆不安感を上回るイメージが行動を生む

旺盛なチャレンジ精神は、「楽しい夢」から生まれます。

「こんなことをしてみたい」という願望を持ったとします。その際には、**「やりたいことに向かってチャレンジすることは、どんなに楽しいだろう」「やりたいことを実現した時は、すばらしい感動に心が満たされるに違いない」**といった楽しい夢に大きく胸をふくらませるのです。

そんな楽しい夢が大きければ大きいほど、やりたいことに向かって積極的にチャレンジしていけるようになります。

また、力強い行動力も生まれるのです。

もし「やってみたいことはあるけれど、自分には無理じゃないか」と不安を感じるようなことがあったとしても、その不安を上回るくらいの楽しい夢で心の中を一杯に満たすのです。

そうすれば、その不安感も薄らいでいきます。

むしろ、楽しい夢で心の中を満たしていくと、「いや、自分なら必ずできる」という確信が生まれてくるのです。

そんな強い確信も積極的な行動力を生み出す源泉になります。

ですから、やりたいことがある時には、とにかく、それを実現するに当たっての楽しいイメージを意識的に持つように心がけることが大切なのです。

自分が努力している姿、色々な幸運に恵まれた時の姿、やりたいことが実現し、みんなから祝福されている自分の姿…といった楽しいイメージで心の中を満たしていくのです。

そうすれば、意欲と、そして行動力が高まっていきます。

## 「チャレンジすること」に、大きな意義を見い出す

### ◆失敗しても、自分を責めない

新しいことにチャレンジする時、確かに失敗してしまうことがあるかもしれません。

しかし、たとえ失敗したとしても、そこで自分をあまり責めないようにすることが大切です。

「どうして自分はダメなんだ」「自分には、やはり最初から無理だったんだ」などと、自分を責めないようにするのです。

なぜなら、自分を責めてしまうと、次の行動力が出てこなくなってしまうからです。

また新しく何かやりたいことがでてきたとしても、以前の失敗を思い出して、「どうせ今度もうまくいかないに決まっている」と、ネガティブ思考に陥《おちい》ってしまうことに

なりがちなのです。

したがって、チャレンジしたことに失敗したとしても、そこで必要以上に自分を責めないことが大切です。

「自分を責める」よりも、むしろ逆に「自分をほめる」ほうが賢明だと思います。**「いいチャレンジをした。チャレンジ精神にあふれた自分はすばらしい。とても良い経験になった」**と、自分をほめるのです。

「ほめる」ことで、行動力を失わずに済みます。

自分をほめることで、「やりたいことに向かって、どんどんチャレンジして、充実した人生を実現しよう」という意欲を失わずに済むのです。

そして、次に何かやりたいことが出てきた時にも、積極的に行動することができるのです。

結果をあまり意識する必要はありません。それよりも「チャレンジすること」に大きな意義を見い出して生きていくことが大切です。

#「できない」と思うことに、あえてチャレンジしていく

◆新しいことにチャレンジすると、新しい人生が開ける

アメリカの第32代大統領は、フランクリン・ルーズベルト（19〜20世紀）という人物です。

彼にはエレノアという妻がいました。

このエレノア・ルーズベルトも、様々な分野で大きな活躍をした人でした。

たとえば、アメリカの国連代表を勤めたり、婦人運動家としても活躍しました。また、人生論などの多くの著作を書いたことでも有名です。

このエレノア・ルーズベルトは、**「自分にはできないと思うことにチャレンジするべきだ（意訳）」**と述べました。

彼女自身、国連代表としての仕事や、婦人運動家としての活動は、当初は「できない」という気持ちもあったのかもしれません。

しかし、だからこそ意欲を高めて、そのような活動に積極的にチャレンジし行動していったのです。

そこには、彼女自身の「『できない』と思うことにこそ積極的にチャレンジしていくことで、生きることの大きな喜びを味わうことができる」という信念があったと思います。

「できない」と思って、そこであきらめてしまうのでは、生きることの喜びを味わうこともできないでしょう。

たとえ、「できない」と思っても、積極的にチャレンジしてみるのです。

そうすることで、新しい人生が開けていきます。

これまでに経験できなかったような分野に踏み出していくことができるのです。

その新鮮な感動が、生きる喜びを作り出していきます。

# 時間の使い方を工夫して、チャレンジする時間を作る

## ◆予定から「やらなくてもいいこと」をカットしてみる

「やりたいことはあるけど忙しくて、やりたいことにチャレンジする時間がない」という人がいます。

確かに、多忙な仕事に追われている人にとっては、「時間がない」というのは事実だと思います。

しかし、「時間がない」と言っているだけでは、いつまでも自分のやりたいことに向かってチャレンジすることはできません。

そうなれば、結局は、ただ仕事に追われるだけの、虚《むな》しい人生になってしまうのではないでしょうか。

イギリスの思想家で、また作家であったチャールズ・バクストンは、**「もし時間が欲しければ、自分の手で作ることだ」**と述べました。

この言葉にある「時間を自分の手で作る」とは、言い換えれば、「忙しい現状にただ流されるままに生きていくのではなく、時間の使い方を工夫して、プライベートの時間を作っていく」ということを意味していると思います。

仕事が忙しくても、時間の使い方を工夫すれば、やりたいことにチャレンジする時間を作ることができるのではないでしょうか。

たとえば、自分の予定を見直してみて、そこから「やらなくてもいいこと」を見つけ出して、思い切ってカットしていきます。

予定には、カットしてもいいような、そんな「やらなくてもいいこと」が意外とあるものです。

それをカットするだけでも、時間的な余裕が生まれて、自分がやりたいことに向かってチャレンジしていくことができるでしょう。

## 夢にチャレンジすることで、時間の使い方がうまくなる

### ◆定時で仕事を終わらせるように、時間の使い方を工夫する

次のような話があります。

ある会社員の男性には長年の夢がありました。

それは、「自分でバーを経営してみたい」という夢でした。

しかし会社の仕事が忙しく、なかなかその夢に向かってチャレンジする余裕がありませんでした。

しかし、夢を叶えることができないまま終わってしまうのが悔しくて、思い切ってチャレンジしてみることにしたのです。

彼は会社に相談し、会社に副業の了承を得ると、東京の都心にバーを開きました。

バーの開店は、夜の七時です。その前に店に入って、開店準備を始めなければなりません。

そして、そのためには五時半頃までには仕事を終えて会社を出なければならなくなったのです。

それまでは、彼は、毎日のように夜遅くまで残業をしていました。

しかし、バーの経営を始めてからは、残業などほとんどできなくなりました。

そこで、定時に仕事を終わらせることができるように、時間の使い方を一生懸命に工夫するようにしたのです。

その結果、毎日残業せずに会社を退社し、副業として始めたバーの仕事もうまくいっているのです。

つまり、**自分自身がやる気になって時間の使い方を工夫すれば、忙しい人であっても、自分の夢に向かってチャレンジする時間が作れる**のです。

そして、公私ともに充実した時間を送っていくことができるのです。

# 「ダメだ」という言葉に打ち勝って、挑戦する

## ◆大きなことを成し遂げるためにはリスクもある

18世紀のイギリス海軍の士官であり、また海洋探検家として活躍した人物にジェームズ・クックがいます。

キャプテン・クックという愛称でもよく知られています。

当時のヨーロッパ諸国は、アメリカやアフリカ、そしてアジア地域に勢力を広げるために、激しい競争を繰り返していました。

そのような中、イギリスも積極的に海外進出に乗り出していました。

ジェームズ・クックは、その先頭に立って、太平洋を三回航海し、ハワイ諸島を発見し、またニュージーランド周辺の海図を作成し、イギリスの海外進出に大いに貢献

したのです。

このジェームズ・クックは、**「誰かに『ダメだ』と言われたとしても、それは最初の一歩にしかすぎない。その『ダメだ』という言葉に打ち勝って挑戦することが大切だ（意訳）」**と述べました。

大きなことに挑戦しようと思えば、周りの人たちから「そんな危険なことはダメだ」と反対されることもあるでしょう。

ジェームズ・クックにとっては、当時は未知の海域だった太平洋を冒険航海することは、まさに「危険なこと」だったと思います。

そして実際に「ダメだ」と反対する人もいたのかもしれません。

しかし、そんな「ダメだ」という声に従っていたのでは大きなことは成し遂げられないのです。「ダメだ」という言葉に打ち勝って、積極的に行動していかなければ、大きなことはできないのです。

そういう意味のことを、このクックの言葉は示しているのです。

## 決意して挑戦すれば、壁は意外と簡単に乗り越えられる

### ◆反対にあっても、夢に向かって行動することを決意する

アメリカの大リーグで、打者として活躍した人物にジャッキー・ロビンソン（20世紀）がいます。

彼は十代の頃から野球が好きで、将来は「プロ野球選手になり、大リーグで大活躍したい」という願望を持っていました。しかし、彼の周りの人たちの多くは、彼が大リーグにチャレンジすることに反対したと言います。

当時のアメリカにはまだ人種差別が残っており、黒人である彼は大リーグに行っても差別を受けて辛い思いをするだけだ、と周りの人たちには思われたのです。

そもそも大リーグでプレーすることができるかどうかさえわかりませんでした。

というのも当時、大リーグでプレーしているのは白人ばかりで、黒人はいなかったからです。

しかし、彼は子供の頃からの夢を叶えるために、積極的に行動しました。その結果、大リーグで大活躍してスター選手になることができたのです。

このジャッキー・ロビンソンは、**「不可能なことと、可能なことの間にはわずかな差しかない。その差を埋めるものは、挑戦する人間の決意である」**と述べました。

つまり、「絶対に夢を叶える」という強い決意を持って、積極的に行動していけば、「不可能」と「可能」の間にある壁を乗り越えて、夢を実現できるのです。

というのも「不可能」と「可能」の間にある壁は、実はそれほど高いものではないからです。

本人が決意して行動すれば、乗り越えることはそれほど難しいことではないのです。

## 「できない理由」ではなく、「できる理由」を考える

### ◆見つけ出そうと思えば、「できる理由」は必ず見つかる

アメリカの牧師で、多くの成功哲学の本を書いた人物にジョセフ・マーフィー（19～20世紀）がいます。

彼は、**「できない理由を探すのではなく、できる理由を探すことが大切だ」**と述べました。

自分のやりたいことに向かってチャレンジしようという時に、「できない理由」ばかりを考えてしまうタイプの人がいます。

「忙しいから無理だ」

「自分には能力がない」

「今は状況が悪い」

といったことです。

このような「できない理由」を数え上げたら、きっと切りがないでしょう。いくらでも見つかります。

「できない理由」を考え始めたら、何もできなくなってしまいます。

ですから、「できない理由」ではなく、「できる理由」を考えることが大切です。

その気になって見つけ出そうと思えば、「できる理由」も必ず見つかります。

「忙しいけど、休日をうまく使えば、夢に向かってチャレンジできる」

「能力が無くても、粘り強く挑戦すれば、必ず成功できる」

「状況は必ずしも良くはないが、しかしチャンスはある」

といったように「できる理由」も必ずあるのです。

この「できる理由」が見つかれば、気持ちが明るくなります。

やる気もアップして、行動力も増します。

# 夢にチャレンジすることは、大変だけれども楽しい

## ◆最初は大変だが、慣れてくれば楽しくなる

何か新しいことにチャレンジすることは、確かに大変なことです。

これまで経験のないことをすることは大変なものなのです。

しかし、大変なのは最初のうちだけです。

夢に向かって行動していくうちに、だんだんと、新しいことにチャレンジしていくことが楽しくなっていきます。

もちろん、うまくいかないこともあるでしょう。

しかし、そのうまくいかないことを「どうすれば解決できるだろうか」と知恵を絞ると、色々なことを試していくことが楽しくなってくるのです。

新しいことにチャレンジすることは、自分にいい刺激を与えてくれて、気持ちがどんどん活性化していくのです。

そういう意味で、大切なことは、**とにかく最初の一歩を踏み出してみる**ことにあります。

そして、**「大変だ」というネガティブな感情が、「楽しい」という感情に変わるまで、少しの間、がまんして行動を続ける**ことが必要です。

それほど長い時間がまんする必要はありません。

ほんのちょっとの時間がまんして行動するだけでいいのです。

なぜ、ちょっとの時間でいいのかと言えば、それは誰かの命令でやらされることではなく、自分自身がやりたいと思ってやっていることだからです。

自分の夢に向かって挑戦していることだからです。

ですから、ちょっとがまんして慣れてくれれば、すぐに「楽しい」と感じられるようになります。

楽しいと感じられるようになれば、いっそう行動的になれます。

# 第2章

# 必ずできると思う

# 「必ずできる」と信じれば、何事も実現できる

◆中途半端な気持ちでいると、何事も中途半端で終わる

積極的な行動力を発揮するためには、「必ずできる」という信念を持つことが大切です。

「できるかどうか、わからない」「途中で挫折してしまうのではないかと、とても不安だ」といった中途半端な気持ちでいると、強い行動力は発揮できないでしょう。

そのために、結局は、心配していた通り、みずから「途中で挫折する」という結果を招いてしまうことになりがちです。

そうならないためには、「必ずできる」という強い信念を持つことが肝心なのです。

ヘンリー・フォードという実業家がいました。

19世紀から20世紀にかけてのアメリカで、一般市民でも買える大衆自動車を大量生産し大成功をおさめた人です。

彼は、**「何事も自分次第だ。心からできると信じれば、何だって実現できるし、できないと思えば、初めから無理なのである」**と述べました。

何かを成し遂げようとする時、「意識の持ち方」がとても大切な要素になります。ある意味、才能や能力に恵まれていることよりも、もっと大切なのは、この「意識の持ち方」なのかもしれません。

すなわち、それは、「心からできると信じる」ということなのです。

そのような信念の力があれば、強い行動力を発揮できます。そして、ヘンリー・フォードがこの言葉で指摘している通り、「何だって実現できる」のです。

この「信じる」という力が奇跡を引き寄せるのです。

「必ずできると信じる」ことで、周りからはとうてい無理だと思われていたようなことを実現できるようになるのです。

# 成功体験を思い出して、自分の力に自信を持つ

## ◆失敗した経験を思い出すと、行動力が弱まる

どうすれば「必ずできる」という信念を持つことができるのかと言えば、それにはいくつかの心理学的なコツがあります。

たとえば、その一つは、**「過去の成功体験を思い出す」**ということです。

誰でも、これまでの人生の中で、「目標を達成した」「夢を実現した」という成功体験があると思います。

それを思い浮かべることで、自分への自信を持つことができます。

そして、自信を持つことができれば、「今度も必ずできる」という信念も強まっていくのです。

過去の成功体験とは、どのようなものであってもいいのです。

「希望する大学に合格できた」

「運動会の100メートル競走で一位になった」

「友人たちに三十歳までに結婚すると宣言し、宣言した通り三十歳で結婚できた」

「一生懸命勉強して、資格試験に合格した」

といった過去の成功体験をできるだけ多く思い出します。

そうすることで自信を持って行動していけるようになるのです。

残念なことに、人によっては、過去に失敗した経験ばかり思い出してしまう人がいます。

それでは、自信を持つどころか、自分への自信を失っていくことになります。

そうなると「必ずできる」という強い思いを持つことも不可能になるでしょう。

どのような人であっても、いくつか、過去の成功体験があると思います。失敗した経験ではなく、その成功した体験に意識を向けることが大切です。

# 良き協力者が多い人ほど、自信を持って行動できる

## ◆孤独な人は、自信を持って行動できない

「必ずできる」という強い信念を持って行動していくコツの一つに、「周りの人を信じる」ということが挙げられます。

**「自分にはたくさんの良き仲間がいる。仲間たちは、自分が夢に向かって行動するのを応援してくれるだろう。そして、協力してくれるだろう」**といったように、周りにいる人たちを信じるのです。

そのように人を信じることが、「必ずできる」という自信につながっていきます。

また、「やってやるぞ」という意欲をもたらしてくれます。

心理学では、このような協力者、支援者のことを「メンター」と呼びます。

そして、そんな良きメンターが周りにたくさんいる人ほど、自分に自信を持って積極的に行動していけることがわかっています。

逆の言い方をすれば、「どうせ自分の夢の実現のために力を貸してくれる人なんて誰もいない。自分は孤独だ」といったネガティブな思いに陥ってしまいがちな人は、自信を持って行動することができません。

そのために夢を叶えることができず、虚《むな》しい人生を送ってしまうことになりがちです。

メンター、すなわち良き協力者や支援者を増やしていくためには、まずは、日頃の人間関係を大切にしていくことが大切です。

そして、日頃から周りの人たちとしっかりとした信頼関係を築いておくことが肝心です。

そうすれば、「周りの人たちは、みんな自分の味方だ」と、素直に考えられるようになるでしょう。

# 「アファメーション」によって、自信を作り出す

**◆肯定的なことを断定的に自分に言い聞かす**

心理学に、「アファメーション」という言葉があります。

この言葉には、**「肯定的なことを断定する」**という意味があります。

たとえば、「必ずできる」と自分自身に言い聞かせることも、このアファメーションの一つです。

何度も何度も「私は必ず夢を実現できる」と自分自身に言い聞かせます。

そうすると、自然に自信がわいてきて、積極的に行動できるようになります。

そのように自信をつけ、積極的な行動を自分自身に促すための方法の一つが、このアファメーションなのです。

このアファメーションの一つの特徴は、「断定的に言いきる」という点にあります。

**「必ずできる」**

**「絶対にうまくいく」**

**「夢は実現する」**

このように肯定的なことを断言するのです。

特に、このような断定的な言葉をノートに書き出したり、あるいは、夜眠る前につぶやいたり、心の中で言ってみると、効果が上がると言われています。

また、鏡を見ながら静かな声で自分自身に向かって「必ずできる」「絶対にうまくいく」などとつぶやいてみてもいいでしょう。

そうすることで、自信に満ちた行動を取れるようになるのです。

逆の言い方をすれば、「ダメに決まっている」「絶対に失敗するだろう」などと否定的な言葉を自分に向かって言わないことが大切です。

そんなことをしたら、かえって逆作用になって、行動力が鈍《にぶ》ってしまいます。

# 「必ずできる」の信念で、危険なことを乗り越えていく

## ◆肯定的な信念があれば、勇気がわいてくる

西洋のことわざに、**「船は港にいれば安全だが、そのために造られたのではない」**というものがあります。

港に停泊していれば、波が小さいので、船は安全でしょう。しかし、もともと船は外洋を航海するために造られたものです。

外洋に出れば、波は大きく、嵐にあう危険もあります。しかし、危険があっても、外洋を航海することが、船の使命なのです。

人間も同じだ、と、このことわざは指摘しています。

家の中にいれば、人間も安全なのかもしれません。しかし、人間としての使命は、外

に出て行動することにあります。

もちろん外には危険もあるでしょう。しかし、危険があっても、外に出て積極的に行動していくのが人間の使命であり、また、それが生きる喜びにもつながります。

これを仕事に置き換えてみましょう。大きな目標に向かって行動を起こす時、そこには、多かれ少なかれ危険が伴うものです。たとえば、独立して自分で事業を起こそうという時には、もし失敗すれば借金を背負い込まなければならなくなる、といった危険もあるでしょう。

しかし、そんな危険を承知の上で行動を起こさなければ、やはり成功を手にすることはできないのです。

言い換えれば、その危険をあまりに怖れすぎて、尻込みしてしまったら、行動は起こせません。

そして、行動しなければ、成功も手にできないのです。

では、どうすれば、その危険を乗り越える勇気を得られるのかと言えば、それは「必ずできる」という強い信念を持つことなのです。

# 「断《だん》じて行えば、鬼《き》神《しん》もこれを避《さ》く」の心意気を持つ

## ◆信念を持って行動すれば、災難は向こうから逃げていく

古代中国の歴史書に『史記《しき》』があります。

司馬遷《しばせん》（紀元前2～1世紀）という歴史家がまとめたものです。

この『史記』の中に、**「断《だん》じて行えば、鬼《き》神《しん》もこれを避《さ》く」**という言葉があります。

この言葉にある「断じる」とは、わかりやすく言えば、「『絶対に成功する』という強い信念を持つ」ということです。

つまり、「断じて行う」とは、「そのような強い信念を持って行動する」という意味を表しています。

また、「鬼神」とは「オニ」のことですが、ここでは、「災難」や「危険」の比喩《ひゆ》と

して使われています。

したがって、この言葉は、「『絶対に成功する』という強い信念を持って行動すれば、災難や危険などといったものは、向こうからその人を避けていくものだ」ということを意味しているのです。

つまり、**強い信念を持って行動する人は、災難や危険な目にはあわない**ということなのです。

だからこそ、行動を起こす時には、「絶対に成功する」「必ずできる」という強い信念を持ってやることが大切です。

「とんでもない災難にあうことになりはしないか」「危険なことになったら、どうしよう」などとビクビクしながら行動すると、それこそ本当に災難や危険な経験をしてしまうことになりかねないのです。

そうならないためにも「絶対に成功する」という信念を持つことが大切です。

## 「金のライオン」を見つけたら、果敢に行動するのがいい

### ◆幸福になるチャンスを、不安や心配のために逃さない

イソップ物語に、**『金のライオンを見つけた人』**という話があります。

ある人が、偶然、金のライオンを見つけました。

その金のライオンを持ち帰れば、大金持ちになれます。一生幸福に暮らしていけるのです。

その人は、すごい幸運に恵まれたと言っていいでしょう。

しかし、その人は、金のライオンに手が出せませんでした。

この人の心の中では、

「この金のライオンがほしいが、もしこの金のライオンを手にしたら、何か不幸なこ

とに見舞われてしまうのではないか」

「もしこの金のライオンを家に持ち帰ってしまったら、とんでもない災難に見舞われることにならないか」

といった不安や心配が渦巻いていたのです。

そして、「家に帰って、召使《めしつか》いに命令して、この金のライオンを持ってこさせようか」などと考えました。

しかし、結局は、不安や心配で、召使いに命令することができず、その金のライオンを手にすることができなかったのです。

この話は、すぐ目の前に幸福を掴むチャンスがありながら、不安や心配のために行動できないということは、とても愚かなことだ、ということを指摘しています。

この話は、言い換えれば、**もし目の前に幸福になるチャンスがあったなら、余計な不安や心配に煩《わずら》わされることなく、果敢に行動することが大切だ**、ということを教えているのです。

# 意識的に、心にポジティブな情報を送り込んでいく

◆ネガティブな情報に引っ張られないようにする

心理学では、次のようなことがわかっています。

ネガティブな情報と、ポジティブな情報があったとします。

すると、人間は、往々にして、ネガティブな情報のほうに強く意識を向けてしまう心理傾向があるというのです。

アメリカの大学で、このような心理実験がありました。

実験者は、何人かの被験者に、三種類の写真を見せました。一つには、高級車や、おいしそうな食べ物といったポジティブな印象を与える写真です。

もう一つには、フォークやテーブルクロスといった、ポジティブな印象もネガティ

ブな印象も与えないような、中立的な写真です。

また、もう一つには、ケガをした人の顔といったネガティブな印象を与えるような写真です。

そして被験者たちに、「どの写真がもっとも印象に残っていますか？」と尋ねたところ、ネガティブな印象を与える写真を挙げた人が一番多かったというのです。

その結果から、「人間は、往々にして、ネガティブな情報のほうに強く意識を向けてしまう心理傾向がある」という結論が導き出されたのです。

ここから類推できることがあります。

たとえば、成功するチャンスがあったとします。これはポジティブな情報です。同時に、そのチャンスには危険も伴うことがわかったとします。これはネガティブな情報です。この時、人は、往々にして、その危険な面ばかりに意識を奪われてしまう心理傾向があるということです。

しかし、言い換えれば、だからこそ危険があっても**「絶対うまくいく」と自分に言い聞かせて、意識的に心にポジティブな情報を送り込む**ことが大切なのです。

## 「強固な決意」を持てば、どんな不安も消えていく

### ◆不安に振り回されていては、夢や願望を実現できない

自分の夢や願望に向かって行動を起こそうという時は、多かれ少なかれ誰もが不安を覚えるものです。

「うまくいくだろうか」「失敗してしまうのではないか」といった不安です。

ある意味、そのような不安を感じることは、人間の自然な感情であるとも言えます。

しかし、そのような不安にいつまで振り回されてしまうことは良いことではありません。

不安にいつまでも振り回されてしまうと、行動することにどんどん臆病《おくびょう》になっていくからです。

そして、そのまま行動せずに終わったり、たとえ行動を起こしたとしても、その行動力は弱々しいものになってしまいがちなのです。

そして、そのために、夢や願望は実現できません。

人生も不本意なものになってしまいます。

西洋のことわざに、**「強固な決意は不安をはねのける」**というものがあります。

このことわざにある「強固な決意」とは、「必ずやり遂げる」「絶対に成功する」という決意です。

そのような強い決意を持てば、不安を振り払って、自信を持って行動していくことができます。

人間の運命というものは、その人の意識の持ち方で大きく変わっていくものです。

難しい状況にあっても、強固な決意を持って行動すれば、夢や願望を実現して幸せに生きていけます。

しかし、一方で、容易な状況であっても、不安に振り回されている意識の状態では、夢や願望を実現することができないのです。

# 濁《にご》った水のビンの中に「澄《す》んだ水」を入れていく

## ◆澄《す》んだ水を入れていけば、濁《にご》った水も澄んでいく

次のような、たとえ話があります。

ビンの中に、濁《にご》った泥水が入っています。

そこに澄《す》んだ水を少しずつ入れていきます。

そうすれば、ビンの中の水はだんだんと澄んだものになっていきます。

このたとえ話にある「濁った水が入っているビン」は、ちょうど「不安や心配や恐怖といったネガティブ感情で一杯になった人の精神状態」のたとえなのです。

そして「澄んだ水」とは、「ポジティブな情報」のたとえです。

そんな**「ポジティブな情報」を心の中に入れていくことで、不安や心配や恐怖とい**

**った感情は薄らいでいきます。**

そして、そういったネガティブ感情に振り回されることなく、積極的に行動できるようになるのです。

では、「澄んだ水を入れる」「ポジティブな情報を入れる」とは、どのようなことかと言えば、それは、たとえば、「必ずできる」と自分自身に言い聞かせることです。

あるいは、「自分の能力を信じる」ということです。

また、「過去の成功体験を思い出す」ということも、その一例でしょう。

その他にも、「自分は幸運に恵まれている」と信じることも、自分の心にポジティブ情報を入れることになります。

このようにして、心の中に良い情報をどんどん入れていくことで、心が澄んできて、迷うことなく純粋な心で行動できるようになります。

そうすれば、力強く前へ進み、夢や願望にグングンと近づいていけるのです。

そして、充実した人生を送ってもいけるようになります。

# グズグズしているから、不安や怖れが大きくなっていく

## ◆行動すれば、不安や怖れは自然と消えていく

アメリカの思想家で、多くの人間関係に関する本を書いたデール・カーネギー（19～20世紀）は、「**行動しないと不安と怖れが増大する。行動は自信と勇気を生み出す。恐れを克服したいのなら、家の中で座ってグズグズ考えていてはいけない。外に出て、行動あるのみだ**（意訳）」と述べました。

行動を起こすことに不安や怖れを感じて、「もう少しよく考えてみよう」と考えて、行動することを先延ばしにする人がいます。

しかし、そのようにしてグズグズしていると、その不安や怖れが、ますます大きくなっていく場合が多いのです。

往々にして、よく考えれば考えるほど、その不安や怖れがいっそう大きくなっていきます。

その結果、いっそう行動を起こすことに強い抵抗感を感じるようになり、結局は何の行動も起こさないまま終わってしまうことになりがちです。

もし本当に、その不安と怖れを消し去ってしまいたいのであれば、むしろ、思い切って行動に出るほうがうまくいく場合が多いのです。

夢や願望に向かって行動に出れば、むしろ、その不安と怖れは消え去っていきます。

実際に行動してみると、不安に思っていたことや、怖れていたことなど、「大したことはなかった」と気づくことも多いのです。

ですから、何かやりたいことがある時には、グズグズしていないで、とにかく行動することが大切です。

「必ずできる」と信じて、行動してみることが賢明です。

そういう意味のことを、デール・カーネギーはこの言葉で指摘しているのです。

# 第3章
# すぐ動く

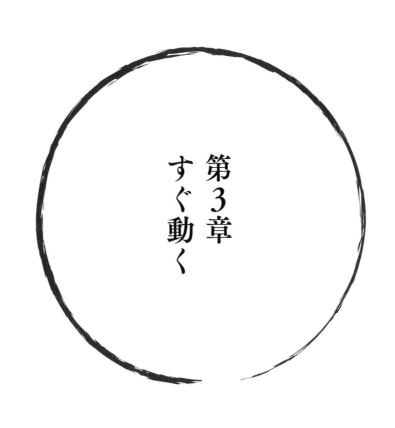

# やる気のあるうちに行動しないと、後で悔やむことになる

## ◆やりたいことがあったら、すぐに行動に移すのがいい

**「鉄は熱いうちに打て」**ということわざがあります。

これは、「物事をなす時には、意欲で心が熱くなっているうちに行動に移すのがいい」という意味を表しています。

「こんなことをしてみたい」と思った時には、すぐにその思いを実行することが大切です。

言い換えれば、その実行を先延ばしにしていると、そのうちに心がどんどん冷めていきます。そして、意欲が失われ、何の行動も起こせないことになってしまう場合もあるのです。そして、後になってから、「あの時、すぐに行動しておけば良かった」と

後悔することになるのです。

たとえば、次のようなことがあります。

新聞でバスツアーの広告を見つけたとします。そのバスツアーにぜひ参加してみたいと思いました。しかし、「後で申し込めばいい」と、その場ではすぐに行動しませんでした。

一週間後に申し込もうとしたら、満員になってしまっていたのです。

そしてある時、友人から「私はあのバスツアーに参加したんだけど、とても良かった」という話を聞きます。

聞けば「次に同じ企画のバスツアーがいつ実施されるかわからない」ということで、「そんなことなら、あの時、すぐに申し込んでおけばよかった」と後悔してしまうのです。

人生には、この事例に似たようなことが良くあります。

したがって、「鉄は熱いうちに打て」ということになるのです。

## 「完璧な計画」よりも「すぐ実行」のほうがいい

### ◆完璧な計画を立てているうちに、ライバルに先を越される

アメリカの軍人にジョージ・パットン（19〜20世紀）という人物がいます。

第二次世界大戦時のヨーロッパ戦線で、当時のナチスに勝利し降伏に追い込んだ軍人として有名です。

このジョージ・パットンは、**「良いと思われることを、今すぐ強力に実行するほうが、来週、完全な計画を実行するよりもずっと良い」**と述べました。

たとえば、「こんなことを実行してみよう」と思いついたとします。

その時に、「まだ準備が足りない。ちゃんとした計画もできていない。これを実行に移すのは、ちゃんとした準備と計画ができてからにしよう」と考える人もいると思い

ます。

もちろん、しっかりした準備と計画を立てておくことも大切だと思います。

しかし、しっかりした準備と計画を立てることに時間がかかりすぎてしまって、その間にせっかくのチャンスを失ってしまうこともよくあるのです。

また、「こんな事業を始めたら大成功するかもしれない」というアイディアを思いついたとします。

しかし、「無闇《むやみ》に行動して失敗することはできない。だから、しっかりした準備と計画を立ててから打って出よう」と考えます。

そこで、準備と計画を進めているうちに、ライバル会社に先を越され、その事業を始められてしまう、というケースもあります。特に変化が激しく、何事もスピーディになっている現代では、そんなこともよくあるようです。

そういう意味では、特に現代では、十分考えながらも、「すぐ行動する」ほうが得策だと思います。

# 完璧な準備や計画に、あまりこだわりすぎない

## ◆行動しながら、準備や計画を作り直していく

「ちゃんとした準備と計画」にこだわりすぎて、なかなか行動することができないタイプの人がいます。

このような人には、「完璧主義」的な性格を持つ人が多いようです。完璧主義とは、何事も完璧に仕上げなければ満足できない性格のことを指して言います。

ですから、「いい加減な準備と計画で行動を開始する」ということができないのです。

そのために「これで100パーセントうまくいく」と自分で確信できるまで、完璧な準備と計画を立てようとします。

しかし、「100パーセント完璧な準備と計画」といったものを作るのは、非常に難

しいのです。そもそも不可能ではないかと思われるくらいです。

完璧な準備だと思っても、考え直してみると、どこかに足りないものが見つかります。完璧な計画だと思っても、状況が変われば、またそれに合わせて計画を作り直さなければならなくなります。

そのために完璧主義的な性格が強い人は、「ああでもない、こうでもない」と準備や計画をやり直してばかりいて、いつまでも行動する段階へ進んでいけないのです。

それでは何も得るものはありません。行動してこそ、得られるものがあるのです。

そういう意味では、**たとえ完璧な準備や計画ができていなくても、とにかく行動してみる**ほうが賢明ではないかと思います。

行動しながら、さらに次のステップへ進んでいくための準備を進めていくこともできます。行動しながら新たに計画を作り直していくことも可能です。

そのように準備や計画は、行動と同時並行的に進めることもできるのです。

そして、同時並行的に進めるほうが、判断が確実になり、より生産的だと思います。

# 行動すると、昨日の景色とは違った展望が見えてくる

## ◆行動しながら次の人生について考える

心理学者であり、また著作家としても活躍した人物に多湖輝《たごあきら》（20～21世紀）がいます。

彼は、「『**まず動く**』。**そこから新しい人生が始まる。一歩を動き出すことで、新しい人生が創られていく**（意訳）」と述べました。

行動すると、局面が変わります。新しいことが色々と見えてくるのです。

行動を始める前に、あらかじめ「こういう方向で物事を進めていこう」と決めて準備や計画を立てる人もいると思います。

確かに、事前にそのような準備や計画を立てることも大切なことでしょう。

しかし、実際に行動を始めてみると、また違った、新たな方向でのやり方が見えてくるものなのです。そこで、また、その新たな方向でのやり方に合わせて準備をし、計画を立て直す必要も出てきます。

したがって、事前の準備や計画は大まかにしておいて、「まず動く」ということが大切です。そこから、新しく準備をし、新しく計画を立て、そして新しい人生を始め、新しい人生を創っていけばいいのです。

やりたいことがあったら、そのように「まず動く」ということを心がけていくほうが得策です。

仕事にしても、趣味を始めるのも、そうでしょう。夢や願望を実現する時もそうです。今日動けば、昨日の景色とは違った展望が開けてきます。そして、また明日になれば、また新しい道が見えてくるでしょう。

ですから、行動しながら考え、行動しながら次の人生をどう展開していくかを考えていくほうがいいと思います。

# 「何かしよう。でも何をしたらいいだろう」では進展がない

## ◆まず動いてみるから「もっと楽しいもの」が見つかる

「一冊の本を書く」という時、多くの作家たちは、まず最初にその本の内容や構成について考えると思います。

そして、あらかじめ、大まかな目次案を作っておくものです。

そして、その内容に合わせて資料などを集め準備します。

しかし、実際に本を書き始めてみると、「あれも書いておきたい。これも書いておこう」といったものが必ず出てくるものなのです。

ですから、その段階で、また内容を練り直し、新たな資料を集めたりします。

人生のあらゆることも、そんな「本を書く」ということと似ている部分があるよう

に思います。

たとえば、健康のために運動を始めようと思います。

まずは公共のスポーツ施設へ行って、ジムで体を鍛《きた》えようと考えます。

しかし、実際にスポーツ施設へ行ってみると、そこでダンスクラスが開かれているのを見かけ、「ジムよりも、大勢の人たちと一緒にダンスをするほうが楽しそうだ」と思い直すこともあると思います。

そのように、**行動をしてみると、違ったものが見えてきて、そこで方向転換をする、ということも人生ではよくあること**です。

**大切なのは、やはり「まず動く」ということです。**

「運動をしよう。でも何をしたらいいだろう？」と、あれこれ考えているだけでは、何の進展もないのです。

まずは行動を始めてみることで、新たな進展があります。行動することで、「もっと楽しいもの」が見つかり、そこから新たな進展が始まるのです。

# 「調べる」「メモする」だけでも、その意欲は持続する

## ◆メモするだけでもいいから、すぐ動くのがいい

何かやりたいことが見つかっても、他にやらなければならないことがあって、すぐに始められない…というケースもあるかもしれません。

たとえば、ある女性は、朝、テレビを見ていると、ある女性芸能人が趣味で手芸をやっているという話を聞きました。

それを見て彼女は、「今すぐ自分も手芸をやってみたい」と思いました。

しかし、これから子供を保育園に連れて行って、彼女自身はその足でパートへ行かなければならなかったのです。

やりたいと思っても「すぐやる」ことなど、とてもできません。

このようなケースでは、もちろん、その場ですぐに「手芸を始める」ということはできないでしょう。

しかし、たとえば、「近所に手芸教室はないか、ネットで調べてみる」ということならできると思います。

そんな、ネットで調べるという時間がない時には、紙に「手芸をやりたい。手芸について後で調べる」とメモして、部屋の目立つ場所に張り出しておくだけでもいいのです。たとえ、そのようなことであっても「すぐやる」ことの一つになります。

そして、「ネットで調べる」「紙にメモする」というだけでも、その意欲は衰えることなく、後々まで持続します。

この事例の場合も、もし調べもせず、メモにもしなかったら、結局は、手芸など始めずに終わるかもしれません。

一方で、**その場で調べたり、メモをしておけば、その意欲が持続し、後に時間に余裕が生まれた時にそれを始める可能性も高まる**のです。

# 心身共にリラックスすると、すぐ動けるようになる

## ◆まずはリラックスしてから、仕事に取りかかる

「すぐに行動しなければならない」とわかっていても、「なかなか体が動かない」ということがあります。

何をするでもなく、ついグズグズしてしまうのです。

たとえば、「すぐに仕事を始めなければならない」と頭ではわかっていても、すぐに仕事に取りかかれないまま、いつまでもグズグズしてしまうのです。

フリーランスで仕事をしているある男性も、時に、そんなことがあるのです。

特に、「ストレス過重になっている時」や「大きなプレッシャーがかかっている時」などに、そのような現象が起きやすいと言うのです。

たとえば、仕事が忙しくてストレスが溜まっている場合です。あるいは、「この仕事は絶対に失敗できない」という大きなプレッシャーがかかっている場合です。

確かに、このようなケースでは、そのストレスやプレッシャーが精神的な重荷になって、「すぐ動けない」「グズグズしてしまう」という現象を作り出してしまいやすくなるようです。

このような時に、すぐにやる行動力を発揮するためには、**心をストレスやプレッシャーから解放してあげる**必要があります。

たとえば、その場で深呼吸をしたり、軽い体操をして心身ともにリラックスするように心がけるのです。

ちょっとの時間、瞑想をして精神的な緊張を和らげるのもいいでしょう。

空を見上げたり、外の風景を眺めてリラックスするのも効果的です。

それだけでも、心が楽になって、ストレスやプレッシャーから解放され、スムーズに仕事に入っていけるようになるのです。

# 日頃から精神状態が良くなるような工夫をする

## ◆スポーツや趣味で、精神状態を良くする

「グズグズしてしまう」ということがよくある人は、精神的な状態が強く影響していることがよくあります。

たとえば、受験生は、往々にして、試験が近づいてくると、すぐに勉強に取りかかれなくなる傾向があります。

すぐに勉強しないといけないと頭ではわかっていても、いつまでもテレビをぼんやり見ていたり、スマートフォンでゲームなどをしてグズグズしてしまいます。

それは決して、勉強への意欲を失ったからではありません。

「いい点数を取らないといけない」というプレッシャーが精神的に重くのしかかって、

行動力を鈍《にぶ》くしてしまっていると考えられます。

大人でも、たとえば仕事や、あるいは私生活でのプレッシャーが重くのしかかっている状態では、「すぐに取りかからなければならないことがあるが、グズグズしてしまう」ということがよくあります。

そうならないために、**日頃から、精神的なプレッシャーを緩和するような工夫をしておく**ことが大切です。

たとえば、「運動習慣を持つ」とか、「趣味を楽しむ時間を作る」といったことです。

適度な運動習慣は、精神を前向きにする効果があることが知られています。

また、趣味を楽しむことも、心を安らかな状態にする効果があります。

したがって、日常生活にそのような習慣を持っておくことで、プレッシャーがかかるような状況になっても、それを過度に負担に感じないで済むようになるのです。

その結果、すぐ動けるようになるかもしれません。

# 「音楽を聴く」「声を出す」のを、動き出すきっかけにする

## ◆気持ちが盛り上がるような「きっかけ」を作る

「すぐ動く」ためのコツの一つに、**「すぐ動くための、きっかけを作る」**ということが挙げられます。

その「きっかけ」とは、たとえば、「音楽を聴く」ということです。

「どうしても気持ちが盛り上がらない」「やる気が出ない」「グズグズと、むだな時間を過ごしてしまう」といった時に、精神的に気分が盛り上がるような音楽を聴くのです。

そうすると、その音楽の力で意欲が高まり、行動力を発揮できるようになるのです。

スポーツ選手が、試合が始まる前に、よくヘッドホンで音楽を聴いている姿をテレ

ビなどで見ることがあります。

それも、やはり、音楽の心理効果によって気持ちを盛り上げて、より強い行動力を発揮しようという工夫なのでしょう。

その他にも、「声を出して、やる気を出す」ということを一つのきっかけにして、行動を始めるという方法もあります。

「さあ、やるぞ」「がんばろう」「元気にやっていこう」「さあ、始めよう」といった声を自分自身にかけて気合いを入れます。

それがきっかけになって行動が促されるのです。

実際、仕事や家事などを始めようという時に、「今日も一日がんばろう」といった声を出して、それをきっかけに仕事や家事に取りかかる、という習慣を持っている人も多いのではないでしょうか。

ちょっと疲れが溜まっていて、あまりやる気がないという時であっても、自分に気合いを入れるような声を出すと、それをきっかけにして体が動き出すということがよくあるものなのです。

# 面倒なことをやり終えた後の「楽しみ」を作る

## ◆楽しみがあると、すぐ始め、すぐに終わらせることができる

**やらなければならないことをやり終えた後の「楽しみを作る」**ということも、「すぐ動く」ためのコツになります。

面倒なこと、苦労すること、大変なことなどをやらなければならない時は、ついつい心が重くなってグズグズと先延ばしして しまいがちです。

そのような時には、そんな「面倒なこと」をやり終えた後の楽しみを作ってみるのです。たとえば、

「この面倒な要件を終わらせたら、海外旅行に行こう」

「苦労する仕事だけど、この仕事をやり終えたら、大好きなタレントのコンサートに

行こう」

「大変だけど、がんばってやり遂げよう。これをやり遂げたら、彼女とディズニーランドに行こう」といったようにです。

このような「楽しみ」があると、自然に「早く終わらせよう」という気持ちになってきます。

そして、早く終わらせるためには、「早く始めよう」ということになるのです。

「よく働く人ほど、よく遊ぶ」とも言われます。

なぜそうなのかと言えば、そのような人は、やるべきことを終えた後の「楽しみ」を作るのがうまいのでしょう。

楽しみがあるから、さっさと始め、集中してさっさと終わらせることができます。そして、終わらせた後は、思いっ切り遊びます。

そのようなメリハリがあると、働くことも、遊ぶことも、より充実していくと思います。

# 物事に優先順位をつけて行動する習慣を作る

## ◆真っ先にやらなければならないことは何か、まず考える

やらなければならないことが山のようにあると、頭のなかが混乱して、いったい何から取りかかればいいのかわからなくなってしまうことがあります。

そのために、すぐに動くことができずに、結局いつまでもグズグズしてしまうことになります。

このようなケースでは、まずは、頭の中を整理することが大切です。

そのためには、**やるべきことに優先順位をつける**のがいいと思います。

たとえば、やるべきことを「真っ先にやらなければならないこと」「その次にやること」「後回しにしていいもの」の三つに分類します。

そして、それぞれ、そのことを終えるまでの時間を設定します。

「午前中に真っ先にやらなければならないことを終え、午後一番でその次にやることをやって、夕方までには後回しにしていいものも含めて終わらせる」といったようにです。

その中で、「やらなければならない」と思っていた物事の中にも、「やらなくていいもの」や「明日やればいいもの」が含まれているかもしれません。

そんな場合は、やらなくていいものは思い切ってカットし、明日やればいいものは明日に回してもいいと思います。

そうすることで、やらなければならないことが山のようにあったとしても、冷静な気持ちになって、まず真っ先にやらなければならないことについて、すぐ行動を起こすことができるのです。

特に多忙な生活を送っている人は、このように「優先順位をつける」ということを習慣にするほうがいいと思います。

# 第4章
# 迷ったら行動する

# 迷っているよりも、行動してみて答えを見つけ出す

## ◆行動しなければ、その答えは見つからない

人間には誰でも「迷い」があります。何かを始めようと思っても、

「本当にうまくいくんだろうか?」

「これをすることに何の意味があるのだろう?」

といった迷いが心の中に生じてしまうのです。

そして、決心がつかないまま、無駄な時間を過ごしてしまうこともあります。

しかし、迷いに明け暮れたまま無駄な時間を過ごしてしまうくらいだったら、「まず行動する」ほうがいいと思います。

**ためしにやってみる、**のです。

行動してみた結果、「これはうまくいかない」「これを続けても何の利益にもならない」と気づくことがあるかもしれません。

その時は、その行動をストップして、もっと「うまくいきそうなこと」「もっと利益になりそうなこと」に向かって、また別の行動を起こせばいいのです。

たとえ、ある行動をストップすることになったとしても、したことがすべて無駄になるわけではないと思います。

そこから学んだことも出てくるでしょう。

そして、それは、次の行動にきっと役立つと思います。

とにかく、やることが「うまくいくか、いかないか」「利益になるか、ならないか」といったことは、実際に行動してみなければわからないことなのです。

頭の中で、ああでもない、こうでもないと迷っていても、わからないことなのです。

ですから、**「迷ったら行動する」**ことが大事です。

その答えを見つけ出すために、まず動いてみるのです。

## 迷ってばかりいないで、ぎりぎり一杯生きてみる

### ◆行動するからこそ、得られるものがある

作家として、また、タレントとして活躍した人物に藤本義一（20〜21世紀）がいます。

彼は、**「迷ったらダメだ。人生の答えなんて、考えたって分かるものじゃない。ただ、その時その時を、ぎりぎり一杯生きている人だけにその答えは見えてくるんじゃないだろうか**（意訳）**」**と述べました。

確かに、藤本義一がこの言葉で指摘している通り、「人生の答え」などというものは、いくら考えたって分かるものではないと思います。

「何が正しい行動なのか」「どんな行動を取れば、自分は幸福になれるのか」といっ

た人生の問題の答えなど、頭の中でいくら考えていてもわかるものではないのです。

その答えは、行動してみて、初めて見つかるものなのです。

この言葉にある「ぎりぎり一杯生きる」とは、言い換えれば、「とにかく行動的に精一杯生きる」という意味に理解できると思います。

何かやりたいことが見つかった時には、迷ったり考えたりなどせず、とにかくやってみるのです。

その行動した結果として、「それは正しい行動だったのか」「行動した結果、自分は幸福になれるのか」という人生の問題の答えが見つかるのです。

言い換えれば、頭の中で考えて迷っている限り、永遠に答えは見つからず、いつまでも迷い続けることになります。

迷ってばかりいるのでは大きなことは何も成し遂げられないでしょうし、人生の幸福も得ることはできないでしょう。

結局、行動しなければ、何も得られないのです。

# まじめで頭のいい人ほど、迷ってしまう

## ◆単純に「やりたいことは、やってみる」で生きていくのがいい

迷いを断ち切って、すぐ行動できる人間になるためのコツの一つに、**「人生をあまり難しく考えない」**ということが挙げられます。

言い換えれば、人生を難しく考えすぎてしまう人ほど、色々なことに迷いに迷って、積極的な行動に踏み出せないものなのです。

人生とは、ある意味、もっと簡単に考えてもいいと思います。

たとえば、「やりたいことがみつかったら、やってみる」という簡単な行動基準にのっとって生きていくだけでもいいのです。

それだけでも、たくさんのことを成し遂げることができます。

また、幸せで充実した人生を実現することができます。

そして、何よりも、あれこれ迷って、何もしないまま無駄な時間を過ごしてしまうということはなくなるでしょう。

やりたいことに向かって、とにかく一歩を踏み出してみるのです。

まじめな人ほど、人生を難しく考える傾向があります。

頭のいい人ほど、人生を難しく考えてしまいがちです。

もちろん「まじめなこと」「頭のいいこと」は悪いことではありません。むしろ、それはその人の長所でもあるでしょう。しかし、「迷ってばかりいて、すぐ行動できない」という意味では欠点になってしまうのです。

ですから、**まじめで、頭のいい人ほど、「やりたいことは、迷わずにやってみる」という単純な行動基準に従って生きていくほうが良い**と思います。

そうすれば、そのまじめな性格を、また、頭の良さを、幸福な人生のためにさらに役立てることができるでしょう。

# 心の底からの感情には、迷わずに従ってみる

## ◆「やりたい気持ち」を大切にして生きる

グズグズ迷うことなく生きていくコツに、「**『できるかどうか』よりも『やりたい気持ち』を大切にしていく**」ということが挙げられます。

やりたいことがあっても、「自分の能力でできるだろうか」「あきっぽい自分に最後までやり通せるだろうか」などと迷ってしまう人がいます。

そのようなことで迷うことはないのです。

それよりも、最初に感じた「やってみたい」という気持ちを大切にしていくほうが、より積極的に行動していけます。

そして、幸せな充実した人生を実現できます。

「どうしてもやってみたい」という感情は、恐らく、心の奥底からわき上がってくるものだと思います。

そのような心の奥底からわき上がってくる感情は大切にしていくほうがいいのです。

それは、自分にとっての幸せな生き方を教えてくれる鍵《かぎ》になる感情でもあるからです。

その心の底からわき上がってくる感情に従わず、迷いから行動することをためらっていると、往々にして、後で悔やむことになります。

「あの時、やっぱり、やっておけばよかった」と、強く後悔することがありがちなのです。

やがて、行動しなかった自分、勇気がなかった自分自身に自己嫌悪を感じるようになります。自分への自信を失い、何事に対しても意欲を失っていきます。

そうならないためにも、心の奥からわき上がる感情に従って、**「迷わずに、やってみる」**ことが賢明だと思います。

# 迷った時は、自分を信じて行動してみる

## ◆自分を信じて行動すれば、後悔することはない

18～19世紀のヨーロッパで活躍したドイツの文豪にゲーテがいます。

『若きウェルテルの悩み』や『ファウスト』などの作品で、日本でもよく知られています。

このゲーテの言葉に、**「自分自身を信じてみるだけでいい。きっと生きる道が見えてくる」**というものがあります。

人生では、もちろん、「どうすればいいか」ということで迷うこともあると思います。

たとえば、「今、成功のチャンスがある。しかし、失敗してしまう危険もある。いったい、どうしたらいいのか」といった迷いです。

このような迷いに陥った時、人は、なかなか決心がつかずに、いつまでも迷い続けてしまいがちです。

しかし、迷ってばかりいるのでは、どうしようもありません。

したがって、このような場合には、「自分自身を信じてみる」のが賢明だと思います。

「自分なら必ず、このチャンスをつかめるはずだ」

「必ず成功できる。自分なら成功できる」

と、自分の能力と、そして自分の運命の力を信じてみるのです。

そうすれば、おのずから「生きる道が見えてくる」のです。

つまり、「迷いを捨てて、このチャンスにかけて、積極的に行動してみよう」と決心することができるのです。

もちろん、その結果がどうなるかはわかりません。しかし、結果がどうであれ、「自分を信じて行動する」ほうが、後悔のない人生を実現できると思います。

そこには、「やるべきことをやった」という清々《すがすが》しい満足感が生まれるからです。

# 「基礎固め」をしっかりすれば、迷わず行動できる

## ◆自分を高める努力をしてみる

古代中国の思想家である孔子《こうし》（紀元前6〜5世紀）の言葉に、「不惑《ふわく》」というものがあります。「惑《まど》わず」とも読みます。

この言葉には、「迷わない」という意味があります。

孔子は、**「私は十五歳の時に学問を志し、三十代で学問の基礎を築き、四十代の時には、もう迷うことはなくなった**（意訳）**」**とも述べました。

ここで大切なのは「十五歳」とか「三十代」という年齢ではないと思います。

むしろ、その順番です。

「志を持ち」、「基礎を固める」という順番です。

そうすれば「迷わずに行動できるようになる」ということなのです。

まずは、「こんなことを目指してやっていきたい」という自分なりの志を持ちます。

その次には、その志を実現するための基礎固めをします。

自分の能力を高め、人間性を成長させる努力をするのです。

そうすれば、迷いなく行動できるのです。

たとえ、小さなことで迷うことがあっても、すぐにその迷いを乗り越えて、積極的に行動できるようになるのです。

「迷うことが多い。迷いから、なかなか抜け出せない」と言う人は、この「基礎固め」がまだ足りないのかもしれません。

夢や願望を実現するための、自分の能力や人間性を高める努力がまだ不足しているのかもしれないのです。

その場合は、まず自分を高める努力をすることが大切です。

## 欲が多すぎると、かえって迷いから行動できなくなる

### ◆一つの願いを叶えることに絞って行動する

古代中国の思想家に老子《ろうし》（紀元前6世紀頃）がいます。

この老子は、**「少なければ則《すなわ》ち得《え》、多ければ則《すなわ》ち惑《まど》う」**と述べました。

この言葉は、人間がなぜ迷ってしまうかの理由の一つについて説明しています。

すなわち、「欲を少なくして生きていけば、迷うことはない。そして、欲しているものを得られる。しかし、欲を張りすぎると、迷ってばかりいて行動できなくなる。そのために何も得られない」ということを指摘しているのです。

「欲を少なくする」ということが、「迷わずに行動する」ということのコツだということです。

たとえば、「夢を実現したい」「お金持ちになりたい」「地位もほしい」「ぜいたくな暮らしがしたい」「人気者になりたい」などと、あれもこれもと欲をかきすぎてしまうと、かえって「迷って行動できない」という事態に陥《おちい》ってしまうことになるのです。

たとえ夢を叶えるチャンスが巡ってきたとしても、「失敗するのではないか」「これでお金持ちになれるだろうか？　金銭的にはあまり儲からないのではないか」「この夢を実現しても、偉くはなれないかもしれない。だったら嫌だ」「多忙になり、ストレスがたまるのではないか」などといった迷いが生じて、結局は、その夢を叶えるために行動できなくなってしまうのです。

そういう意味では、「欲を少なくする」ほうが賢明です。

夢を叶えるチャンスが巡ってきたのであれば、余計な欲はかかずに、その夢を叶えることだけに絞《しぼ》って集中するのです。

そうすれば、迷うことなく、すぐに行動を起こせると思います。

# 失うことを怖れているから、いつまでも迷ってしまう

## ◆「もともとお金も地位もなかった」と悟る

チャンスを掴《つか》むために行動する時、「もし失敗したら、今持っているものを失ってしまうかもしれない」という不安にとらわれてしまうことがあります。その「失うもの」とは、たとえば、「今の地位」であり、「お金」であり「名誉」です。

チャンスを掴むために、お金が必要になる場合もあるでしょう。

成功すればいいのですが、もし失敗すれば、そのお金を失うことになります。

また、場合によっては責任を取らされて、今ある地位や名誉を失うことにもなるかもしれないのです。

誰であっても、今持っているお金や名誉、地位を失いたくはありません。

ですから「行動するべきか、しないほうがいいか」ということについて散々迷ってしまうのです。

しかし、迷ってばかりでは、やはりチャンスはつかめません。チャンスを掴むためには、行動しなければならないのです。

では、どうすれば迷いを吹っ切って行動できるのかと言えば、その方法の一つに**「開き直る」**ということがあります。

禅の言葉に、**「本来《ほんらい》無《む》一物《いちもつ》」**というものがあります。

この禅語は、「人間は本来、何も持たずにこの世に生まれてきた。お金も地位も名誉も何も持たずに生まれてきた。『何も持たない』ということが、人間の本来の姿である」という意味を表しています。

つまり、もし失敗してお金や地位や名誉を失うことがあっても、「生まれた時の、自分の本来の姿に戻っただけだ」と開き直ってしまえばいいのです。

そのように覚悟を決めた時、迷いを吹っ切って思いっきり行動できます。

## 「当たって砕《くだ》けろ」で、覚悟を持って行動する

### ◆覚悟があれば、もう迷うことはない

**「当たって砕《くだ》けろ」**という格言があります。

この格言にある「当たる」とは、「思い切って行動する」ということです。

そして、「砕ける」とは、「大失敗してしまう」ということです。

つまり、**「思い切って行動して、大失敗しろ」**と言っているのです。

何かとてもいいかげんなことを言っているように思われるかもしれませんが、実は、この格言は、ある意味、「上手に開き直ってしまうことの大切さ」を教えていると思います。

たとえば、あることを成し遂げるために、とても難しいチャレンジをすることにな

ったとします。

失敗する可能性も十分にあるのです。

そのために行動すべきかどうか迷ってしまいます。

そんな時に、「失敗したってかまわない。ダメで元々だ。だから、とにかく思い切って当たっていこう」と開き直ってしまうのです。

そのように心意気を持つことで、迷いを吹っ切って、強い行動力を発揮できます。

また、そのような覚悟を決めて行動すれば、どんなに難しいことであっても、成功する可能性が高まるのです。

つまり、「当たって砕けろ」とは、そのような強い心意気を促すための、また、覚悟を決めて行動するために言葉なのです。

ですから、難しいことにチャレンジする時、迷ってなかなか行動できない時には、この「当たって砕けろ」の心意気で臨《のぞ》むほうがいいと思います。

そうすれば、成功の可能性が高まります。

# 無心になって行動し、迷いを吹っ切る

## ◆不安に思っていることなど、実は「妄想」にすぎない

仏教の言葉に、**「無念無想《むねんむそう》」**というものがあります。

この言葉は、「邪念を捨て去って、無心の境地になる」という意味を表しています。

「どうしても迷いから抜けきれない」

「迷ってばかりいて、何もできない」

といった人は、この仏教の言葉である「無念無想」を心がけるのがいいと思います。

無念無想の境地になるには、まずは「何も考えない」と自分で心がけながら、今やるべき目の前のことにとにかく集中することです。

将来的に「もし、うまくいかなかったら…」だとか、「本当に利益になるのか…」な

ど不安に思うことがあるかもしれません。

しかし、それは先々のことであって、将来的にどうなるかはわからないのです。

**「わからないことについては考えない」**というのが仏教の教えです。

したがって、とにかく今やるべきこと、目の前のことだけに集中します。

そのようにして手や体や頭を動かして行動していると、それまで不安に思っていたことなど、あまり大きな問題ではないと気づくことも多いのです。

仏教では、将来についての不安など、人が作り出す妄想にすぎないと考えます。「妄想」とは、現実に起きていることではないということです。

人が不安に思うことなど、実際にはほとんど起こらないのです。

したがって、そんな不安という妄想に惑わされるのではなく、たんたんと行動していくことが大切です。これが仏教の教えなのです。

この仏教の教えも参考にして、「迷ったら行動する」と心がけることが大切です。

# やる気にあふれているからこそ、迷うことも多い

## ◆「迷う」ということを肯定的に考えてみる

日本の技術者に、高野鎮雄《たかのしずお》（20世紀）という人物がいます。ＶＨＳ規格の家庭用ＶＴＲを開発した人物として有名です。

この高野鎮雄は、**「『迷い』は『やる気』の証拠」**と述べました。

これまで誰も成し遂げられなかったような偉大なことを実現しようとしているからこそ、人は色々なことに悩みます。

色々なことを試してみて、失敗を繰り返し、そのたびに「もっと、こうするほうがいいのだろうか？　こんなことではダメなのだろうか？」と迷います。

しかし、その迷いは、「絶対に成し遂げてやる」という意欲があるからこそ生じるも

のなのです。

大きなことを成し遂げることを諦めてしまっている人は、もう迷うこともないでしょう。

この高野鎮雄も、家庭用ＶＴＲを開発するにあたって、色々なことに迷いながら仕事を進めたと思います。

そして、その迷いは、「絶対に家庭用ＶＴＲの開発を成し遂げる」というやる気に燃えていたからこその迷いだったと思います。

そういう意味で言えば、「迷う」ということは決して悪いことではないのです。むしろ、迷うことは「やる気」の表れなのですから、それは良いことなのです。

ですから、迷ってしまう自分をあまり否定的に考えないほうが賢明です。

悪いのは、迷ってばかりいて何もしないまま終わってしまうことです。

**「迷っても、すぐに次の行動を起こす」**ということを心がけていけば、やる気をどんどん高めながら前進していけます。

# 第5章
# 夢の場所に行く

# 「夢の場所」に行って、やる気と行動力を高める

## ◆「夢の場所」が、自分を変えるきっかけとなる

「夢の場所」に行ってみることで、やる気がいっそう高まります。また、いっそう積極的に行動できるようになります。

たとえば、次のようなケースがあります。

ある若い男性は、「早く結婚したい」と念願していました。

しかし、引っこみ思案《じあん》の彼は、女性に対して積極的に行動できず、恋人もいませんでした。

やがて彼は、家の近所にある神社で結婚式を挙げたいと思い、よく行くようになりました。

以前、その神社で結婚式を挙げている様子を見かけたことがあったからです。

彼は、その神社に行くたびに、「早く結婚したい」という意欲がいっそう高まっていくのを感じたと言います。

そして、その神社にしばしば行くようになってから、女性に対しても積極的に行動できるようになったのです。

そして、ついに彼はいい恋人を見つけ、その神社で実際に結婚式を挙げることができました。

このように「夢の場所に行く」ということには、その人の意欲を高め、行動力を積極的にするという心理的な効果があるのです。

**夢はあるが、「やる気が出ない」「今一つ積極的に行動できない」という人は、自分の「夢の場所」に行ってみるのがいい**でしょう。

それが、「自分を変える」という一つのきっかけになります。

## 「夢の場所」に行くと、落ち込んだ気持ちが立ち直る

### ◆成功者が多く住む街を、自分の足で歩いてみる

願望というものは、その願望が実現した時の様子を具体的にイメージできるものがあれば、より意欲が高まり、また、その願望に向かって積極的に行動できるようになります。

ある青年は、若くして自分で事業を立ち上げ、若手経営者になりました。

彼は「成功したい」という強い願望を持っていました。

彼は、成功したいという意欲を高め、また、その目的に向かってよりエネルギッシュに行動していくために、都心の高級住宅街を散歩する習慣を持ったのです。

その高級住宅街には、ビジネスの世界で成功した人たちが多く住んでいました。

彼は、そんな高級住宅街を散歩しながら、「自分もいつか、こんな高級住宅街に住みたい。いや、絶対に住む。そのためには必ず成功してみせる」という意欲を強くしていったのです。

そして、そのことによって、より積極的に行動できるようになりました。

特に、ビジネスがうまくいかず、気持ちが落ち込んでいるような時には、その高級住宅街に足を運んだのです。

そこを歩いていると、自然に、「こんなことでは負けていられない。がんばっていこう」という気持ちになってくるのです。

実際、彼は、ビジネスの世界で成功し、その高級住宅街に家を買って、今はそこで暮らしています。

その高級住宅街は、彼にとって、やはり「夢の場所」だったのです。

そして、その**夢の場所にたびたび自分の身を置くことで、意欲を高め、より積極的に行動できるようになった**のです。

## 「憧れの人」の存在が、より意欲と行動力を高めてくれる

### ◆「あんな人になりたい」という憧れの人を作る

ある男性は、弁護士を目指して勉強をしていました。

彼は、よく裁判所に傍聴《ぼうちょう》に行っていたと言います。

実際の裁判の現場を見ることは、もちろん司法試験の勉強にもなります。

しかし、それだけでなく、そこでは本物の弁護士を直接見ることができます。

裁判の場で活動している弁護士の姿を見ていると、彼は、「自分も必ず弁護士になって、この人たちのように裁判の場で活躍してみせる。そのためには、がんばって勉強して、絶対に司法試験に合格してみせる」という意欲が高まっていきました。

そして、より積極的に勉強に取り組むことができるようになったのです。

その結果、彼は司法試験に合格し、今は弁護士として活躍しています。

この事例は、二つのことを教えてくれているように思います。

一つには、自分の「夢の場所」に行くと、意欲が高まり、行動力もアップして、より一生懸命にがんばれるようになる、ということです。

そして、もう一つには、自分の「憧れの人」を実際に見ることにも、やはり意欲と行動力を高める心理効果がある、と思います。

司法試験勉強中の彼にとっては、本物の弁護士はまさに「憧れの人」でした。

「自分も、あんな弁護士になりたい」と、憧れる対象だったのです。

そのような憧れの人を見ることによっても、「がんばるぞ」という意欲が高まり、より積極的に努力を行うことができるようになるのです。

そういう意味では、**自分ならではの夢を追ってがんばっている人は、「あんな人になりたい」という憧れの人を実際に見る機会を増やしていくのがいい**でしょう。

# 成功したかったら、成功者にふさわしい場に身を置く

## ◆成功を目指す人は、高級店に出入りしてみる

ある俳優は、今では人気俳優ですが、彼がまだ駆け出しの、無名の俳優だった頃に、次のような経験があると言います。

ある映画で、彼は、当時のトップスターと共演することになりました。

ただし、共演とはいっても、彼は主要な役を任されたわけではなく、ほんのちょっとの出番しかない、取るに足りない役でした。

とはいえ、彼は、そのトップスターと共演するのがうれしくて、機会を見つけて、そのトップスターの俳優に挨拶《あいさつ》しに行きました。

「新人俳優の〇〇です。よろしくお願いします」と、挨拶をしたのです。

すると、彼は、そのトップスターから、「ふだん、どのような場所で食事をしているのか」と聞かれました。まだ無名で、お金の余裕がなかった彼は、「安いところで食事をしています」と答えました。

その答えに、そのトップスターは、「安いところばかりで食事をしていてはダメだ。無理をしてでも、たまには高級店で食事をすることが大切だ。高級店に出入りしていると、自然に風格が出てくる。人間性に風格が出てくれば、いい役が回ってくる」と、アドバイスしたと言います。

彼は、そのアドバイス通り、お金が入った時には時々高級店に出入りするようにしました。すると本当に、風格ある人間として行動できるようになり、いい役をもらえるようになったのです。そして彼自身もどんどん人気が出てきたのです。

この事例のように、「場が、その人を変える」ということがよくあります。**成功者になりたければ、時に「成功者にふさわしい場に身を置く」**ということも有効な方法の一つになります。

# 憧れの人と同じ経歴をたどってみる

## ◆憧れの人が修業した場所で、自分も修業してみる

今はカメラマンとして活躍している男性がいます。

彼が十代の少年だった頃の話です。

その頃から、彼は、「将来、自分はプロのカメラマンになりたい」と願っていました。

そんな彼には、憧れのカメラマンがいました。

「自分も、あの人のようなカメラマンになりたい」と願い、その憧れの人の経歴について色々と調べたのです。

経歴を調べると、その憧れの人はある芸術系の大学を卒業し、卒業後はしばらくの間、海外で修業していたことがわかりました。

彼は、その憧れの人の経歴と同じコースを歩めば、自分もカメラマンとして成功できるのではないかと考えました。

そして、がんばって憧れの人が卒業した芸術系の大学に合格し、大学卒業後は海外でカメラマンとしての修業をしました。

自分自身も憧れの人と同じ経歴をたどったことで、彼はカメラマンとしてやっていく自信がつき、より積極的に行動し活躍の場を広げていきました。

そして、今では、憧れの人と同様に、プロのカメラマンとして活躍しています。

この事例のように「憧れの人と同じ経歴をたどる」ということも、意欲を高め、より行動的に生きていくための一つの方法になります。

**・憧れの人が卒業した学校に自分も行く。**

**・憧れの人が修業した場で、自分も修業する。**

といったことです。

意欲と行動力を高める方法として参考にしてほしい事例です。

# 憧れの人と知り合うチャンスを得るようにする

## ◆憧れの人から直接たくさんの良い刺激を受ける

ある女性は、「ファッションデザイナーとして活躍したい」という願望を持っていました。

彼女には、「自分も、あの人が作る洋服みたいに、個性的で美しい洋服を作ってみたい」と思う憧れのファッションデザイナーがいました。

そして、その憧れのファッションデザイナーは、東京の青山に事務所を持って活躍していました。

彼女は、自分も事務所を持つに当たって、その場所を、その憧れの人と同じ青山に決めました。

憧れの人が活躍する青山で自分も仕事をすることによって、より意欲的に、行動的に活動することができるように思ったのです。

また、憧れの人がすぐ近くで仕事をしていると思うことで、心強く感じられることもありました。

実際、彼女は、同じ青山に事務所を持ったことによって、同じレストランでランチすることができ、そこで憧れの人と知り合うことができました。

そして、直接憧れの人とつき合うことによって、多くの刺激を受けて、より意欲的に、行動的にファッションの仕事に従事できるようになったと言います。

この事例からわかるように、**憧れの人が活躍している場所と、同じ場所で活動することで**、その憧れの人と知り合いになるチャンスを得る可能性が広がります。

そして、憧れの人と知り合いになることができれば、その憧れの人から直接たくさんの良い刺激を受けて、それが自分自身の意欲や行動力を高めることにいっそう役立つのです。

# 憧れの人と直接話ができるチャンスを生かす

## ◆憧れの人と直接話すと、より積極的に行動できるようになる

憧れの人を遠くから眺めるだけでも、意欲や行動力を高めることに役立ちます。

しかし、その憧れの人と直接話を交わすことができれば、いっそう意欲や行動力が高まるでしょう。

そういう意味では、**憧れの人と話ができるチャンスがあるのであれば、そのチャンスを積極的に利用していくのがいい**と思います。

ある若い女性は、アイドルになるのが夢でした。

彼女には、同性の、憧れのアイドル歌手がいました。

彼女は、その憧れのアイドル歌手のコンサートがある時には、積極的に行くように

していました。また、サイン会がある時にも、積極的に参加するようにしていたのです。

頻繁にサイン会に参加していたので、彼女はその憧れのアイドルから顔を覚えてもらったらしく、「また来てくれて、ありがとう」だとか「元気ですか」などと声をかけてもらうようになりました。

また、他に参加者が少ない時には、世間話ができるようにもなったのです。

そのようにして憧れの人と直接話ができるようになって、彼女はその憧れの人から多くの良い刺激を受けました。

そして、自分自身も芸能界に入って、アイドル歌手になるための活動に、より意欲的に、より積極的に取り組めるようになったのです。

この事例のように、何らかの形で、憧れの人と直接触れ合える機会を作ると、夢を叶えるいいチャンスになる場合があります。

# 意欲的な人、行動的な人と一緒にいる機会を作る

## ◆行動的な人たちの会合に参加してみる

「行動的に活躍したい」という希望を持つ人は、自分が憧れるような「行動的な人たち」の中に自分も身を置くことで、その希望を叶える可能性が大きくなります。

ある若い男性は、ある企業で働いていましたが、ゆくゆくは自分で起業したいという願望がありました。

独立して、自分ならではの個性的な事業を展開してみたかったのです。

そこで、彼は、若手の起業家たちが集まる会合に参加するようにしました。

彼自身はまだサラリーマンだったのですが、知り合いの起業家がその会合に参加していて、その縁で彼も参加するようになったのです。

そこにはユニークな事業を手がけ、そして、行動的にその事業を展開している人たちがたくさんいました。

また、成功する意欲に燃えて、がんばっている人たちが大勢いました。

そんな人たちと一緒に話をしているうちに、彼自身も「自分も起業したい」という意欲がますます高まっていきました。

そして、ついに彼は起業したのです。

彼は今も、その若手の起業家たちの会合に参加しているのですが、そこから多くの良い刺激を受けて、より積極的に行動し事業を伸ばしています。

この事例からわかるように、**意欲的な人、行動的な人たちが多く集まる場所に参加すると、自分自身もより意欲的に、より行動的になっていける**のです。

人は、身近にいる人たちから大きな影響を受けながら生きています。

したがって、行動的な人たちと一緒にいると、自然に自分自身も積極的に行動できるようになるものなのです。

## 「冒険的な人」を見習って、自分も冒険的に生きていく

### ◆未知の分野にチャレンジする人から刺激を受ける

西洋の格言に、**「たくさんの良い船を見習って、自分も冒険してみるのがいい」**というものがあります。

この言葉にある「たくさんの良い船」とは、「未知の世界に向かって積極的に行動する人たち」の比喩《ひゆ》です。

船は、大航海に乗り出して、未知の世界を冒険してまわります。

それと同じように人間にも、これまで誰もやったことがないようなこと、誰も経験したことがないような分野に乗り出していく、冒険的な人たちが大勢います。

自分で起業して、新しいビジネスの分野に乗り出していく人もいるでしょう。

発明の分野で、まったく新しい画期的なことを成し遂げようと、意欲的に動いている人もいると思います。

スポーツの分野で、新記録を打ち立てようと、がんばって励んでいる人もいるのではないでしょうか。

学問の分野で新発見をしようと、日々、行動的に努力している人もいると思います。

そんな**「冒険的な人」「行動的な人」を見習って、新しい分野へ向かって「冒険」を始めることが大切だ**、とこの西洋の格言は勧めているのです。

たとえば、テレビや新聞、雑誌などには、そのような冒険的な行動から偉大なことを成し遂げた人物についての報道がよくされているものです。

そのような人物を見て、「私も、この人を見習って冒険的なことをしてみよう」と考えるのでもいいのです。

そのようにして冒険的な人を見習って、自分も積極的に行動していけば、すばらしい人生を築きあげていくことができるでしょう。

# 模範となる人を「モデル」にして行動してみる

## ◆「行動的な人」をまねて積極的に行動する

心理学に「モデリング」という言葉があります。

自分の模範となるような人を見て、その模範となるような人の行動をまねることで、より積極的、意欲的に動ける、ということです。

そのような心理効果を「モデリング」と呼んでいます。

以前、相撲の世界で活躍していた力士《りきし》がいました。

彼は土俵の上で塩をまく時に、意識的に、彼の師匠が力士時代に塩をまく動作をまねていたと言います。

彼の師匠は、横綱として活躍した大力士でした。

そんな師匠の塩のまき方と同じ動作をすることで、彼は「自分も師匠のように強い力士なんだ」と、自分の力を信じることができたのです。

そして、対戦相手に向かって、より積極的に立ち向かっていけたと言うのです。

このように**「模範となる人」の行動と、自分もあえて同じ行動を取ることで、自信が生まれて、より積極的になれる**のです。

この事例のように、自分が模範として尊敬しているような人の「仕草をまねる」という方法も、意識を高めるために役に立つのです。

また、この「モデリング」には、性格的なことをまねることもできます。たとえば、何事に対しても積極的に行動する人を模範にして、「自分も積極的に行動する」と心がけるのです。また、いつも自信に満ちた行動をする人を模範にして、「自分も自信に満ちた行動をする」ようにするのです。

特に、あまり行動的ではない人、自信を持って行動できないという人は、このような「モデリング」を試してもいいでしょう。

# 現場に行くことで「本を出版する」という夢を叶える

## ◆人から誘われたら現場に行ってみる

「その場に行く」という行動を取ることで、夢が叶う、という実例があります。

私の知り合いに、「自分が書いた本を出版したい」という夢を持っている女性がいました。

しかし、その夢を叶えるチャンスがなかなかありませんでした。

夢というものは、頭の中でただ「こうなったら、いいな」と考えているだけでは、実現しません。夢を叶えるためには、行動が必要です。

ですから、とにかく「出版関係者が集まる現場に来てみる」という行動を彼女に起こしてもらいたかったのです。

そこで私は、私が長年主宰していた「出版研究会」という集まりに、彼女を誘ってみたのです。

私が主宰している「出版研究会」とは、編集者やイラストレーター、作家などが集まって、最新の出版情報を交換するための会合です。

彼女は、私の誘いに応じて、その出版研究会に何回か来るようになりました。

そこで彼女は、ある出版社の編集者と知り合いになりました。

そして、その編集者と出版に関する企画について話すうちに、彼女の書いた本がその出版社から出版される運びになったのです。

出版研究会に来るという行動をきっかけにして、彼女の夢はとうとう叶ったのです。

彼女の成功には二つの理由があったと思います。

その一つは**「人から誘われたら行ってみる」**ということです。

また、もう一つには、出版の可能性がある**「場に行ってみる」**ということだったと思います。

# 第6章

# 段階的に動く

# 一つずつ段階的に物事を進めていく

## ◆大きなことを一気にやり遂げようと思うと失敗する

**「ローマは一日にして成らず」**という西洋の格言があります。

古代ローマという都市は、一日にして完成したわけではありません。

長い年月を経て少しずつ形作られて、そして完成したのです。

この格言は、それと同じように、「大きなことを成し遂げるためには、長い年月がかかる」という意味のことを表しているのです。

言い換えれば、大きなことを短時間で一気にやり遂げようとしても無理なのです。

無理なことをすれば、かえって失敗を招くことになります。

一つ一つ段階を経て、物事を進めていく必要があるのです。

たとえば、夢や願望を叶えたいと思ったとします。

その場合に、一気に大成功を願うようなやり方をすると、途中で挫折してしまうと思います。

まずは「小さな目標」を成し遂げることに全力を傾けます。

その小さな目標を達成したら、また次の「小さな目標」のために全力を尽くします。

そのようにして「小さな目標」を少しずつ、段階的に積み重ねていくことで、やがて大きなことを成し遂げることができるのです。

したがって、大きな目標を掲げても、焦ることなく、高望みすることなく、まずは「今の自分の能力と状況で確実にできることは何か」を考えてみます。

そして、今自分が確実にできる範囲で行動を起こします。

それを達成したら、また次の段階へ進むのです。

そのようにして階段を一つ一つ登っていくようにして、大きな夢の実現を目指すとストレスが少なく、うまくいきます。

# 一日一日「今日の目標」を達成することに全力を尽くす

## ◆一日一日の行動の積み重ねで、成功に近づける

江戸時代後期の儒学者に、中井竹山《なかいちくざん》（18～19世紀）という人物がいます。

当時の大坂で、庶民教育のために貢献した人物として有名です。

この中井竹山は、**「今日一字を覚え、明日一字を覚え、そして少しずつ博学になっていく**（意訳）**」**と述べました。

一日勉強しただけで博学になることはできません。

一日一日、段階的に、少しずつ字を覚えていきます。

そうすることで、長い年月をかけて、たくさんの字を覚えます。

その結果、周りの人たちから、「あの人は博学だ」と見なされて尊敬されるようにも

なるのです。

人生は何事にしても、「一日一字覚える」ようにして段階的に進めていくのが良いと思います。

結局は、それが成功につながる道になるのです。

まずは、「今日やるべきことは何か」を考えます。

「今日の目標」を設定するのです。

そして、その「今日の目標」を達成するために全力を尽くします。

明日はまた明日の「今日の目標」を設定して、それを実現するために一生懸命になって行動します。

そのようにして一日一日の行動を積み重ねていくことで、段階的に「成功」へと近づいていけます。

また、少しずつ成長し、段階的に成功することができるのです。

## 大きな夢を「小さな目標」に細分化してみる

### ◆段階的に達成し、大きな目標に近づく

「源氏物語」という平安時代に書かれた物語があります。世界的にも有名な偉大な長編小説です。

ある大学の文学部に通う学生は、この有名な源氏物語を最後まで読み通そうと思いました。

しかし、源氏物語は、非常に長いのです。

ですから、一日で最後まで読み通すのは不可能です。

この学生は、そこで、まずは「一か月かけて、源氏物語を読み通そう」と考えました。そして一か月を三十日として、源氏物語全編を三十で割って、「一日○○ページを

読む」と決めました。

それからは、日々、その「一日○○ページ」を読むことに全力を尽くしました。そして、一か月で源氏物語全編を読み通すことができたのです。

何事であっても、願望を実現するためには、この要領で進めるといいと思います。

まずは、大きな人生の目標を設定します。

「こんな夢を実現したい」という大きな目標を作るのです。

そして、その夢を達成するためには何年かかるか考えます。

仮に、「三年かけて夢を叶える」と決めたとします。

その後は、その**最終的な目標を達成するために、「この一年は、どこまで進むか」「この一か月は何をするか」「今日という日は、何をすればいいか」といったように細分化した目標を設定していく**のです。

そして、細分化した、その「小さな目標」を達成することに全力を尽くし、成功体験を味わえば、段階的に「大きな夢の達成」に近づいていくのです。

# 段階的に計画を立て、段階的に行動していく

## ◆無闇《むやみ》やたらに行動しても、その努力は積み重なっていかない

成功するためには、「行動する」ということが重要です。

何の行動も起こさずに、チャンスを掴《つか》み、夢を実現するというのは不可能なのです。

とはいえ、無闇《むやみ》やたらに行動するのでは、成功することはできません。

成功するためには、順序立てて、「段階的に行動していく」ということがとても大切です。

そのためには、まず、計画を立てることが必要です。

その計画も、たとえば、「長期的な計画」「中期的な計画」「短期的な計画」の三つにわけて、段階的に作っておくのが良いと思います。

「長期的な計画」とは、一年後、二年後にどのようなことを達成するかという長期的な目標に基づいた計画です。

「中期的な計画」とは、一か月、二か月、あるいは半年といった、中期的な目標に基づいた計画です。

「短期的な計画」とは、長期的な計画や中期的な計画に基づいた目標を達成するために、今週は何をするか、今日は何をしたらいいか、という短期的な計画です。

このように**段階的な計画を立てておくことで、行動もやはり段階的に進めていくことができる**のです。

思いつくまま行動すると、その行動が次の行動に生かされていきません。

その場限りの行動で終わってしまい、努力が積み重なっていかないのです。

したがって、がんばっているわりには、成功に全然近づいていかない、ということになりかねません。

したがって、段階的な計画、段階的な行動が大切です。

# 「骨《ほね》折《お》り損《ぞん》のくたびれ儲《もう》け」にならないためのコツ

## ◆段階的な計画に従って、的確に行動していく

「骨《ほね》折《お》り損《ぞん》のくたびれ儲《もう》け」ということわざがあります。

一生懸命になって動き、努力はしているのですが、その努力が良い成果に結びつかないことがあります。結局は「くたびれる」、つまり疲れ切ってしまうだけで、何の成果のないままに終わってしまうのです。

このことわざは、そのような現象を言い表しています。

では、なぜ、一生懸命に行動しているのに、その努力が報われないのでしょうか？

多くの場合、その原因は、「段階的な計画がないまま、無闇《むやみ》やたらに行動している」ということにあると考えられます。

**ちゃんとした計画がないので、実際には、今自分が何をしたらいいのかわからないのです。**

しかし一方で、「自分の夢を実現するために、がんばりたい」という気持ちは強くあるのです。何をしたらいいのかわからないまま、とにかく夢を実現するために、その場で思いついたことを行動に移すのです。

ですから、その行動は得てして「的外れ《まとはず》」なものになってしまいがちです。

そのために、疲労ばかり溜まっていくわりには、これといった成果が得られない、ということになりかねません。

そうならないために大切なのは、やはり、段階的な計画を立て、それに従って行動していくということです。

そうすれば、的確な行動をしていけます。

その努力に見合った成果を出していくことができるはずです。

# 「考え、行動し、反省する」ということを繰り返していく

## ◆「考えず、反省しない」では、努力が報われない

願望を叶えるためには、日々、三つの段階を繰り返しながら行動していくことが大切です。それは、

① **考える**
② **行動する**
③ **反省する**

という三つの段階です。

まずは、「目標を達成するために、もっとも効率的で的確な行動は何か」ということを考えます。

そして、そこで考えたことを、実際の行動に移します。

その後に、その行動は本当に効率的で的確なものであったのか反省するのです。

この**「考え、行動し、反省する」**ということを今日一日の生活の中で、あるいは今週一週間の仕事において、何度も繰り返していくのです。

そうすることで、反省したことは、次の行動へと生かされていきます。

その結果、より効率的で、より生産的な行動を取れるようになるのです。

何も考えないまま行動すると、余分なエネルギーを使うことになります。

また、行動した後に、何も反省しないまま終わらせてしまうのはもったいないことです。考えず、反省しない、というのでは、「考え、行動し、反省する」という好循環を生み出していくことができません。

そのため、がんばって動いているわりには、あまり前進しない、という事態に陥っていくことになります。

それでは、せっかくの努力が報われません。

## 今の自分の能力に見合った目標を設定していく

### ◆実力がついていくに従って、目標を高めていく

**「船盗人《ふなぬすびと》を徒歩《かち》で追う」**ということわざがあります。

このことわざにある「船盗人」とは、「船を盗むドロボウ」のことです。

「徒歩」とは、「自分の足で走る、あるいは、歩く」ということを意味しています。

ある時、ドロボウが船を盗んで行ったのです。

その船の持ち主は、慌ててドロボウを追いかけていきました。

しかし、船のほうが速度が速いので、いくら一生懸命追いかけていったとしても、自分の足では船に追いつくことはできないのです。

そういう意味から、このことわざは「無駄な努力をする」ということを言い表して

います。

人には、人それぞれの「能力」があります。

その自分の能力を超えたことを目標にして追い求めようとしても、それは「船盗人を徒歩で追う」ということになりかねません。

つまり、どんなにがんばっても、それは「無駄な努力」になってしまうことになります。

そういう意味では、**行動を起こすには、まずは自分の能力が今どの程度のものであるかを正確に把握しておく必要があります。**

そして、今の自分の能力で達成可能なことを目標に掲げます。

やがて、実力がついてきたら、それに合わせて、目標を高めていくのです。

そうすることで、無駄な努力をしないで済みます。そのはじめの行動によって成果を出すことができ、それを励みにして、また次の行動を起こすことができます。

これも「段階的に行動していく」ということにつながります。

# 高望みをすれば、立っていられなくなって転ぶ

## ◆失敗して痛い目を見ないために、自分の実力を知る

中国の古代思想家である老子《ろうし》は、**「跂《つまだ》つ者は立たず、跨《また》ぐ者は行かず」**と述べました。

この言葉にある「跂《つまだ》つ」とは、「爪先《つまさき》立って、思いっ切り背伸びをする」ということです。

これは、言い換えれば、「自分の能力ではとても達成できないようなことを高望みして、背伸びをする」という意味を表しています。

一方で、「跨《また》ぐ」とは、「大股《おおまた》を開いて、飛び越える」ということです。

これも、ある種の比喩的な表現であって、「自分の実力では到底飛び越えられないような障害を、見栄を張って、大股を開いて飛び越えようとする」ということを言い表

しているのです。

つまり、そんなふうにして、自分の能力以上のことを高望みし、また、自分の実力以上のことをやろうとすれば、「立たず」、つまり、「失敗して転んでしまう」ということなのです。

また、「行かず」、つまり、「先へは進んで行けない」ということを指摘しています。

したがって、老子は、この言葉で、**「自分の能力や実力はどの程度のものなのかを正確に把握し、その能力や実力の範囲で行動していくことが大切だ」**ということを指摘しているのです。

それが大きな失敗をしてしまわないコツなのです。

また、がんばっているのに前に進んでいけないという無駄な努力をしないで済むための方法なのです。

自分の能力や実力の範囲で、地道に、段階的に行動していくことが成功への道です。

# 偉大な人間は、日々やるべきことを怠《なま》けずに実行する

## ◆小さな努力の積み重ねで、歴史に名を残す人物になる

「世界をアッと驚かすような偉大なことを成し遂げたい」という大きな願望を持って生きている人がいます。

もちろん、そのような大きな願望を持つことは大切なことです。

しかし、その大きな願望を実現するために、一日一日やらなければならないことをせずに、怠《なま》けている人もいます。

日々やるべきことを実行せずに、世界をアッと驚かすようなことを実現できるはずがないのです。日々の小さな努力をすることなく、大きな願望は達成できません。

江戸時代後期の農業指導者に、二宮尊徳《にのみやそんとく》（18～19世紀）がいます。

この二宮尊徳は、**「大きなことを成そうと思ったら、小さなことを怠《おこた》らずに努力していくことが大切だ。小さな努力が積み重なって、大事業が完成するのである」**と指摘しました。

二宮尊徳も、この言葉で、「日々の小さな努力を怠けているような人は、大きなことは成し遂げられない」ということを指摘していると思います。

二宮尊徳が生きていた江戸時代後期は、各地で飢饉《ききん》が頻繁に起こっていた時代でした。飢饉とは、農作物の収穫量が極端に減ることです。

そのような中、彼は農地を改良し、米の収穫量を増やすことに努力しました。

もちろん、それは一日で実現できることではありません。日々小さな努力を怠けずに、段階的に積み重ねていくことが必要でした。

二宮尊徳は、その小さな努力の積み重ねができたからこそ、歴史に残る偉大な人物になれたのでしょう。

# 一日一日を「偉大な英雄」のように行動する

## ◆日々偉人のように努力する人が、本当の英雄になれる

ロシアの詩人であり作家だった人物に、ミハイル・レールモントフがいます。

彼は、**「私に必要なのは行動することだ。一日一日を偉大な英雄の魂のように不滅のものに私はしたい」**と述べました。

この言葉にある「一日一日を偉大な英雄の魂のように不滅のものにしたい」とは、わかりやすく言えば、「一日一日を精一杯生き切る」ということだと思います。

悔いを残すことなく、今日できることを全力でやり切るのです。

満足のいく一日を過ごすために、全力を出し切るのです。

その日一日をぼんやりと過ごしてしまうのではなく、思い残すことなく行動的に生

きるのです。

日々そのように「行動的で、充実した一日」を積み上げていくのです。

その重要性を、ミハイル・レールモントフは、この言葉で指摘していると思います。

そして、そのような「充実した一日」を積み重ねていくことで、最終的に「偉大な英雄のような、不滅の人生」を完成させることができるということでしょう。

言い換えれば、今日やるべきことをいつまでも先延ばしにしたり、今日やるべきことをやらないような人は、「英雄のような偉大な人生」に近づいていくことはできないと、ミハイルは指摘しているのです。

毎日を何もしないで過ごすのでは、結局は、成長や進歩のない人生になってしまうのではないでしょうか。

「英雄のような偉大な人生」に段階的に近づいていくために、もっとも大切なのは、**今日という日を充実したものにするために全力を尽くす**ことなのです。

# 第7章
# 直感に従う

## 真の願望が「直感」という形で表れてくる

### ◆直感に従って行動してみるのがいい

人間は、「直感」というものを持っています。

英語で言えば、インスピレーションです。誰であっても、

「こんなことをしてみたい。どうしてもやってみたい」

「こうすれば、うまくいくんじゃないか」

「このように行動すれば、すばらしいことを成し遂げられるような気がする」

といった直感が働くことがあると思います。

そのような時には、素直にその直感に従ってみることも、成功に導くためのコツの一つになります。

パソコンやスマートフォンのメーカーである、アメリカのアップルの創業者は、スティーブ・ジョブズ（20〜21世紀）という人物です。

彼は、**「もっとも重要なのは、自分の心と直感を信じる勇気を持つことだ。それはどういうわけか自分が本当になりたいものを、すでによく知っている（意訳）」**と述べました。

確かに、スティーブ・ジョブズがこの言葉で指摘している通り、「直感」というものは「自分が本当になりたいもの」、つまり、自分が心の中で持っている真の願望を示していることがよくあるのです。

人によっては、心の中で「本当はこんなことをしてみたい」という願望がありながら、世間体といったものを気にして、その願望をみずから無意識のうちに押し殺してしまっている場合があります。

しかし、時に、その「本当はこんなことをしてみたい」という願望が、直感という形ではっきり意識されます。

その直感に従って行動すると、うまくいく場合があるのです。

## 「直感に従う」とは、束縛から自分自身を解放すること

### ◆「人からどう思われるか」は、あまり気にしないほうがいい

心の中で「こんなことをしてみたい」と思いながら、「周りの人たちに、どう思われるだろうか」といったことを気にしたりして、その心の中の願望を抑え込んでしまうタイプの人がいます。

こういうタイプの人は、もともと、「人の目を気にする」という傾向が強い人なのでしょう。

しかし、そのように周りの人たちの目を気にして、心からやりたいと思っていることに蓋《ふた》をして何の行動もしないでいると、欲求不満がどんどん溜まってきます。すると、そのために不機嫌になったり、怒りっぽく、生きる意欲を失っていくことにもな

ります。

また、後々になって、心からやりたいと思ったことを行動に移さなかったことを強く悔やむことにもなるのです。

それでは、幸福な人生にはならないと思います。

幸せで充実した人生を築くためには、周りの人の目を必要以上に気にすることなく、自分がやりたいと思うことを思い切ってやっていくほうが良いと思います。

そして、そのためには、「直感に従って動く」ということを試してみることが有効な手段の一つになります。

というのも、直感というものは、自分自身が「心からやりたいこと」を示している場合が多いからです。普段みずから蓋をして隠している願望が、直感という形で表に現れてくる場合が多いからです。

ですから、**直感というアイディアに従うことは、ある意味、「人の目が気になる」という束縛から、自分自身を解放してあげることでもある**のです。

## 「直感」と「欲」とは違うことを理解する

### ◆欲から生まれる直感は、本当の意味での直感ではない

「直感に従って行動して良かった。直感に従うことで、大きなチャンスを得ることができた」と言う人がいます。

一方で、「直感に従って失敗した。直感に従うことで、いっそう窮地に陥《おちい》ってしまった」と言う人がいるのも事実です。

しかし、後者の、失敗を導くような直感とは、本当の意味での直感ではないと思います。

たとえば、ある人は、「『この株を買えば大儲けができるんじゃないか』という直感に従ってその株を買ったが、結局は大損してしまった」と言います。

これは、直感というよりも、単なる「欲」でしょう。

特に、欲張りな人は、直感と欲というものを混同してしまうことがよくあるのです。

「すごく儲かるんじゃないか」

「こうすれば、ぜいたくができるような気がする」

「濡れ手に粟《あわ》で、大金が手に入るかもしれない」

そんな欲に従って行動しても、うまくはいかないでしょう。

「直感」とは、そのような欲が取り払われた、いわば「無心の境地」から生まれ出てくるものなのです。

この**無心から生じる直感だからこそ、その人を幸福に導く行動を促してくれる**ものなのです。

そういう意味では、幸福へと導いてくれる直感を得るために、心を無にする時間を日常生活の中に取り入れてもいいでしょう。

無心の状態から生まれてくる直感に従うほうが何事もうまくいくと思います。

# 直感に従って成功した人が陥りがちな「罠《わな》」がある

## ◆あくまでも謙虚に「無心から生まれる直感」に従う

次のような話があります。

インターネットが普及し始めた頃の話です。

ある人は、当時、ある会社のサラリーマンをしていましたが、「このインターネットを使えば面白い仕事ができるんじゃないか」と直感を得て、勤めていた会社を辞めて、独立して自分で事業を起こしました。そして、その事業は成功しました。

その後、彼は、「この事業に新たに投資すれば、もっと儲かるんじゃないか。もっと、ぜいたくな暮らしができるんじゃないか」と直感し、新たな投資を行いました。

しかし、その新たな投資は大失敗してしまったのです。

なぜ最初の直感は成功し、二度目の直感は失敗してしまったのでしょうか?

それは、「インターネットを使えば面白い仕事ができる」という直感は、彼の心の奥から生まれてきた真の直感だったからだと思います。

しかし、「新たな投資をすれば、もっと儲かる」というのは、彼の欲にすぎなかったのではないかと思います。つまり、それは、真の直感ではなかったのです。

実は、直感に従って成功した人は、時に、このような事態になりがちなのです。

直感に従って行動し、そして成功したとします。

一度成功した人の中には、「もっと大きな成功を手にしたい」「もっとお金を儲けたい」「成功して、もっと注目されたい」という欲にとらわれている人も出てくるのです。

そして、「直感に従って成功したのだから、また直感に従えば、次もまた成功できるだろう。自分はすぐれた直感に恵まれた人間なんだ」と、安易に考えて、欲に走った行動に出てしまうのです。

そうならないためには**「直感」と「我欲」とを区別しておく**ことが大切です。

# 朝の時間帯に生まれる「清浄な直感」に意識を集中する

## ◆朝の直感に従って行動してみるといい

アメリカの医学者に、ジョナス・ソーク（20世紀）という人物がいます。ポリオワクチンの開発者として知られています。

このジョナス・ソークは、**「朝起きて、直感がどんなものを差し出すだろうと考えると、いつも興奮する。私は直感とともに働く。直感に頼る。直感は私のパートナーだ」**述べました。

この言葉で興味深いのは、このジョナス・ソークが、「朝という時間帯に生まれる直感」というものに注目している点にあります。

彼は、言い換えれば、「朝の直感に興奮し、朝の直感と共に働き、朝の直感に頼って、朝の直感をパートナーにしている」と言っているのです。

つまり、朝の直感を、自分の人生を幸福に導く直感だと指摘しているのです。

では、なぜ「朝の直感」は、その人を幸福や成功に導くのかと言えば、朝の時間帯に心に生じる直感は、欲や雑念といったものに汚されていないからなのでしょう。

朝の時間帯は、心の状態が新鮮なのです。清らかな状態にあるのです。

そんな清らかで新鮮な状態にある心から生まれてくる直感もまた、清らかで新鮮なものだと考えられます。

ですからその直感は、自分が心から「こうしたい」と思っていることを映し出しているのです。

そうした清浄な直感に従って行動すれば、その行動は、その人に多くの恵みをもたらすことになるのでしょう。

したがって、朝の時間帯に気持ちを落ち着かせて、その清浄な心からどんな直感が生まれてくるか、意識を集中する習慣を持つといいかもしれません。

# 「ビギナーズ・ラック」は、なぜ起こるのか？

## ◆余計なことを考えずに直感に従うのがいい

**「ビギナーズ・ラック」**という言葉があります。

ゲームやスポーツなどで、まったくの初心者が思いがけない幸運に恵まれて、ゲームの熟練者を負かしたり、スポーツで信じられないような大活躍をすることがあります。そのような現象を、ビギナーズ・ラックと言うのです。

では、なぜ、このようなビギナーズ・ラックが起こるのかと言えば、その要因の一つは、**「純粋な直感に従って行動するから」**ということにあると思います。

ビギナーズとは、初心者という意味ですから、そのゲームやスポーツに関して知識も経験も技能もありません。

ですから、あまり考えずに、直感に従って行動するのです。

「どうしても勝ちたい」だとか「勝たなければ恥ずかしい」といった下手な野心もありません。

負けて元々なのですから、余計なことを考えずに、直感に従ってのびのびと行動します。

それが、かえって幸運を呼び込むのです。

一方で、熟練者は、知識や経験がある分、得てして、「こうしたほうがいいのか。いや、もっといい方法があるんじゃないか」「やめたほうがいいのでは」と、色々と考え過ぎてしまう傾向があるように思います。

その結果、いい意味での直感が働かなくなり、実力も発揮できずに、まったくの初心者に負かされてしまうといったことも起きるのです。

ある分野の熟練者、ベテランという人も、時に初心に返って、あれこれ余計なことを考えずに、直感に従って行動してもいいのではないでしょうか。

# 精神的にリラックスすると「ひらめき」が訪れる

## ◆プレッシャーがあると、良いアイディアは浮かばない

思いがけない状況で、意外な場所で、突然ひらめく、ということがあります。直感が働いて、すばらしいアイディアを思いつくような場合です。

たとえば、上司から、新しい商品開発のアイディアを出すように命じられます。

一生懸命に頭を働かせて考えるのですが、なかなか良いアイディアが思いつきません。長い時間デスクにしがみつくようにして、考え続けるのですが、やはり良いアイディアがまったく思いつかないのです。

ストレスが溜まってきて、心身ともに疲労を感じ始めます。

そんな時、ちょっと気分転換しようと、近くの公園まで散歩に行きます。

ベンチに座って、ぼんやり景色を眺めているような時に、「あ、そうだ」と突然、すばらしいアイディアがひらめくのです。

このような経験を持つ人は、意外と多いと思います。

不思議な現象なのですが、一生懸命になって考えている時は良いアイディアを思いつくことができないのですが、ぼんやりしている時に突然ひらめく、ということも多いのです。

実は、「良いひらめき」「良い直感」というものは、自分に強いプレッシャーをかけて色々と考えている時には、かえって生まれてきにくいものなのです。

むしろリラックスしている時に、「あ、そうだ」と突然浮かんでくることが多いのです。

ですから、もし、いくら考えても良いアイディアが思い浮かばずに悩んでいる人がいるとしたら、**考えるのをいったん中断し、リラックスできる環境に身を置く**ことを心がけたほうがいいと思います。

## いつもと違うことをすることで、良い直感が生まれる

### ◆行ったことのない土地を旅してみる

成功と幸福を導いてくれる直感を得る方法として、「いつもと違うことをする」ということが挙げられます。

生活がマンネリになってくると、どうしても、良い直感を得る力が弱まってくるのです。

ですから、いつもと違ったことをして、心に新鮮な空気を取り込むことが大切です。

そうすると気持ちがワクワクしてきます。楽しい気分になってきます。

すばらしい直感というものは、心がそんなポジティブな状態になっている時にやって来るものなのです。

たとえば、今まで行ったことのない土地を旅してみます。

新しい趣味にチャレンジし、できれば、その趣味の会などに参加してみます。

これまで入ったことのないお店でランチをしてもいいでしょう。

訪れたことのない街を散策するのもいいと思います。

そのように、いつもと違うことをすると、そこには新鮮な刺激が生まれます。

未知の人と出会うこともあります。

あるいは、今まで知らなかった知識との出合いもあると思います。

そのような体験の中から、

「私がしたかったのは、これじゃなかったのか」

「こういう生き方をするのも楽しそうだ」

といった直感が生まれます。

そんな直感に従って行動を始めてみることで、また、新しい人生の可能性が開けていくのです。

## 前向きな気持ちでいると、良い直感が浮かぶ

### ◆後ろ向きな気持ちは、悪い予感しか生まない

人生を良い方向へ導くような直感を得るためには、気持ちをいつも前向きに保っていくことが大切です。

心が前向きな状態にあってこそ、人生を前進させてくれるような良い直感がやって来ます。

反対に、後ろ向きな気持ちでいると、良い直感は生まれてこないのです。

たとえば、今、とても苦しい状況にいるとします。

その苦しい状況から抜け出そうと一生懸命になってがんばっているのですが、なかなかそこから脱出できません。

しかし、そんな状況であっても希望を捨てずに、「この苦しい状況が、自分にとってはいい勉強になっている。この状況を抜け出した時には、自分という人間はいっそう成長しているだろう」と、前向きな気持ちを持ち続けます。

そうすると、「そうだ、この苦しい状況を抜け出すためには、こうすればいいんだ」という、すばらしい直感がひらめくものなのです。

しかし、後ろ向きな気持ちでいると、そのようなすばらしい直感を得ることはできないものなのです。

たとえば、「自分は、もうダメだ。この苦しい状況からは、もう抜け出せないだろう」と後ろ向きな気持ちでいると、心に浮かんでくるのは、「責任を取らされるかもしれない」「周りのみんなに軽蔑されるだろう」といった悪い予感ばかりです。

そんな悪い予感は、とても「良い直感」とは言えません。

ですから、現状を良い方向へ変える行動を促す良い直感を得たいのであれば、**どんな状況でも前向きな気持ちでいる**ことが大切です。

## 「理性的に考える」と「直感に従って動く」を両立する

### ◆直感が、どう生きていけばいいかの羅針盤になる

20世紀の偉大な物理学者に、アルベルト・アインシュタイン（19〜20世紀）がいます。「相対性理論」を発見し、ノーベル物理学賞を受賞しました。

アインシュタインというと、一般的に、とことん理性的に考える人のように思われているのではないでしょうか。

しかし、このアインシュタインは、**「唯一の本当に価値あるものは直感だ」**とも述べているのです。

物理学は、もちろん理性的な活動の産物でしょう。

しかし、理性的に考えていく段階の中にも、きっと、「これが真理なのではないか」

「真理を証明するためには、こうすればいいのではないか」と、直感が働く瞬間があると思います。

アインシュタインは、ある意味、そんな直感に従って考えを進めていった結果、偉大な発見を成し遂げることができたのかもしれません。

ですから、アインシュタインは、直感が持つ力を尊重していたのだと思います。

このように、人の直感というものは、何が正しいのかを指し示すヒントを与えてくれることがあります。

また、直感は、人がこれからどう行動していけばいいかを指し示す羅針盤《らしんばん》になってくれることもあります。

そういう意味では、理性的に物事を考えていくことも重要ですが、それと同時に、時には、直感に従って行動するということも、いい人生を送っていくためには、大切なことだと思います。

# 第8章
# 継続する

# 成功できるかどうかの鍵は「継続力」にある

## ◆才能がなくても、継続力さえあれば成功できる

目標を成し遂げるためには、「継続力」が必要になります。

途中で物事を投げ出したり、あきらめたりすることなく、継続的に行動していく力です。

アメリカの第30代大統領は、カルビン・クーリッジ（19〜20世紀）という人物です。

このカルビン・クーリッジは、**「この世に継続に勝るものはない。才能も、教育も、継続に勝ることはできない。継続と決意こそが絶対的な力である」**と述べました。

あることについてコツコツと努力を続けていけば、たとえ才能に恵まれていない人であっても、あるいは、高学歴ではない人でも、目標を成し遂げることができます。す

なわち、満足のいく人生を実現することができるのです。

そういう意味で、カルビン・クーリッジは、「才能も、教育も、継続に勝ることはできない」と述べたのです。

言い換えれば、たとえ才能がある人であっても、高い学歴がある人であっても、あきっぽかったり、意志が弱かったりして、継続的に行動できない人は、大したことを成し遂げることはできないということなのです。

したがって、成功できるかどうか、幸福になれるかどうかの、もっとも基本的な要因は、この「継続力」にあると言ってもいいのです。

どんなことがあっても、心がくじけることなく、継続して行動していく力がある人は、いつか必ず、栄光ある到達点に行き着くことができます。

とにかくそれまでは、あきらめないことが大切です。

# 継続していくことで、実力が増していく

◆継続することで、何事も簡単にできるようになる

アメリカの思想家に、ラルフ・ワルド・エマーソン（19世紀）という人物がいます。その後のアメリカの思想家や実業家たちに大きな影響を与えた人物としても有名です。

このエマーソンは、**「継続して行う事柄は、容易に行えるようになる。それは物事の性質が変わるからではなく、わたしたちの力が増すからである」**と述べました。

何事もそうですが、物事を始めた当初は、要領がつかめずに苦労するものです。

たとえば、仕事でもそうだと思います。

学校を卒業した人が就職して仕事に就いた時、あるいは、人事異動でこれまで経験したことがない部署に配属になった時、最初のうちは、どうやっていいのかよくわか

らずスムーズに仕事を進めていけないと思います。

しかし、継続して行っていくうちに、その仕事を容易にやっていけるようになります。

仕事の内容は同じなのですが、当初の頃に比べれば、効率的に、ミスも少なく、簡単にこなしていけるようになるものです。

それは、仕事を継続するということで、その人の実力が増していったからなのです。

このように「継続する」ということは、その人の実力を増大させます。また、その人を成長させていきます。

**「継続は力なり」**とも言います。

この「力なり」というのも、言い換えれば、継続することで「実力が増していく」という意味なのです。

実力を増し、成長していくためには、継続していくことが大切です。

## 自己肯定感が低い人は、努力や行動が長続きしない

### ◆自己肯定感を高めることを意識してみる

心理学に「自己肯定感」という言葉があります。

自分という人間をポジティブにとらえ、また、自分を尊重する気持ちのことを言い表している言葉です。

心理学では、この**自己肯定感が高い人ほど継続力があり**、反対に、**自己肯定感が低い人ほど継続力がない**、ということが知られています。

次のような心理学の実験がありました。

被験者に、まずは、誰でもできるような簡単なテストをしてもらいます。

次に、かなり難しい課題に挑戦してもらいます。

すると、あるグループの被験者たちは、その難しい課題を乗り越えることを、すぐにあきらめてしまいました。

この被験者たちには、「自己肯定感が低い」という傾向がありました。

一方で、難しい課題にも粘り強く取り組む被験者たちもいました。

このタイプの被験者たちは、「自己肯定感が高い」という傾向があることがわかりました。

この心理学の実験からわかったことは、自己肯定感が低いタイプの人は、何か難しい問題に直面した時に、「何をやってもダメな自分が、この難問を乗り越えられるはずがない」と感じて、すぐにあきらめてしまう傾向が強い、ということなのです。

つまり、努力や行動が長続きしないのです。

困難に直面するたびに、その努力や行動が途切れてしまうことが多いということなのです。

自己肯定感が低い人は、それを高め、継続力を持つ必要があると思います。

## 自分をほめると、継続する力はアップする

### ◆自分を過小評価するから、心が折れてしまう

願望を叶えるためには、物事を継続していく力が必要です。

心理学では、自己肯定感が高い人ほど、継続力があることが知られています。言い換えれば、自己肯定感を高めることで、継続力が高まり、夢の実現に向けて近づいていくことができます。

では、どうすれば自己肯定感を高めることができるのかと言えば、その方法の一つに**「自分をほめる習慣を持つ」**ということが挙げられます。

「自分は、がまん強い人間だ。自分はすごいんだ」

「自分は強い。自分は負けない。自分は、どんなことでも乗り越えられる」

と、自分をほめるのです。

特に、何か難しい問題に直面した時には、そのこと自体を、

「こんなに難しい問題にまじめに取り組んでいる自分は大したものだ」

といったようにほめるのです。

そうすることで、心が折れることなく、努力を継続していくことができるのです。

反対に、難しい問題に直面した時に、

「私はダメな人間だから、とても無理だ」

「私には、これを乗り越えていくことができない」

などと、自分の力を過小評価するようなことを考えたら、継続し努力していくことができなくなってしまいます。

自分で自分を過小評価してはいけないと思います。自分を信じ、自分をほめていくことが、夢に向かって行動を継続していくコツになります。

## 楽天的な精神を持って、壁を乗り越えていくのがいい

### ◆悲観的な人は、苦しい状況で心が折れやすい

人生は山あり谷ありです。

いいことばかり続くわけではありません。

「こんな夢を成し遂げてみたい」と思い、その夢に向かって行動していく途中でも、壁に突き当たったり、苦しい状況に追い込まれてしまうこともあるでしょう。

そのような壁や、苦しい状況を乗り越えてこそ、「継続力がある人」だと言えるのです。

逆の言い方をすれば、継続力がない人は、壁や、苦しい状況に直面すると、そこで心が折れてしまって、それ以上努力を続けていくことができなくなってしまうのです。

では、どのようにして、その壁や、苦しい状況を乗り越えていけばいいのでしょうか。

その方法の一つに、**「楽天的になる」**ということが挙げられます。

「壁があるからこそ、やりがいがあるんだ。自分の力を試してみることができるんだ」

「この苦しい状況が自分を鍛《きた》えてくれる。この経験によって、自分はいっそう強い人間になれる」

と前向きに考えてみるのです。

そう考えることで、人生の山や谷を逞《たくま》しい精神力で乗り越えていけるのではないでしょうか。

最後のゴールまで継続して行動し続けることができる人は、皆このような「楽天的な精神」を共通して持っているようにです。

悲観的な考えを起こすと、そこで気持ちが切れてしまうことになりかねません。

# 壁を乗り越えた先に、「さわやかな世界」が待っている

## ◆楽天的になれば、いつか壁を乗り越えられる

冒険家として活躍した人物に、植村直己《うえむらなおみ》（20世紀）がいます。

エベレストを始め、世界中の高い山に登りました。

また、犬ぞりを使って南極を単独横断したことでも有名です。

この植村直己は、「**必ず壁はある。しかし、壁を乗り越えた時、パッとまた新しい世界がある。だから厳しく自分を鞭打《むちう》ってやってきた時を、振り返ってみたとき実にさわやかな気持ちになる**（意訳）」と述べました。

実際には植村直己自身、登山や冒険などで、厳しい状況に置かれることが何度もあったのでしょう。

しかし、そこで挫折することなく、行動を持続できたのは、彼が「壁を乗り越えた時、新しい世界が広がる」ということを知っていたからだったと思います。

その新しい世界とは、実に、さわやかな世界だったのです。

大きな喜びに満ちた世界だったのです。

だからこそ、どんなに苦しい状況に追い込まれても、彼は楽天的でいられたのではないかと思います。

また、楽天的でいられたからこそ、どんな壁にぶつかっても、継続して行動できたのだと思います。

今、大きな壁にぶつかって、もがき苦しんでいる人もいると思います。

そんな人は、「この壁を乗り越えた先には、さわやかな、すばらしい世界がある」と信じてみたらどうでしょうか。

そう楽天的に信じてみることによって、継続してがんばっていくことができるのではないでしょうか。

## 「泥の水」の中でも、それを嘆《なげ》かず努力を継続していく

### ◆転んでも泣くことなく、立ち上がって生きていく

イソップ物語に、『ロバとカエル』という話があります。

背中に薪《まき》を積んで運んでいるロバがいました。

そのロバが、沼を渡っていた時です。

ぬかるみに足を取られて、そのロバは転んでしまいました。

背中には重い薪が縛りつけられている上に、足元がぬかるんでいるために、そのロバは立ち上がれなくなってしまいました。

そのロバは悲しんで泣いていました。

すると、そこに一匹のカエルが出てきて、こう言いました。

「ロバさん、転んで、ちょっと泥まみれになってくらいで、悲しんで泣いているようではダメですよ。僕たちカエルのように長い間泥水の中で生きていくことはできませんよ」と。

この話は、つまり、**「ちょっと辛い思いをすることがあったとしても、それを嘆《なげ》いてばかりいてはいけない。そこから立ち上がって、逞《たくま》しく行動していくことが大切だ」**ということを指摘しています。

また、この話で、カエルは、「僕たちのように長い間泥水の中で生きていくことはできない」と述べていますが、この意味は、「恵まれない環境の中でも、それを嘆くことなく、文句を言うことなく、平常心でたんたんと行動していくことが大切だ」ということだと思います。

人生では「恵まれない環境」に置かれてしまうこともあります。しかし、その中でも継続して努力をしていくことが大切なのです。

そうすることで、最終的には、すばらしい人生を築き上げていくことができます。

このイソップの話は、そのことを教えてくれます。

# 感情に振り回されず、平常心を保っていく

## ◆瞑想して、気持ちを落ちつける習慣を持つ

人間は、感情を持つ生き物です。

うまくいかない事態に直面すると、ついつい「やってられない」という感情が引き起こされます。

思うようにならないことがあるとついイライラし、腹も立ちます。

そして、そんなネガティブな感情に意志を折られて、物事を投げ出してしまったり、やる気を失ってしまうこともあるかもしれません。

言い換えれば、いかにしてそんなネガティブな感情に振り回されることなく、平常心を保っていくかが、成功に向かって継続して行動していくためのコツになります。

この「平常心」という言葉ですが、実は、その語源は禅にあります。

昔、ある禅の修行者が、師匠に「禅の修行の本質は何ですか」と尋ねました。

それに対して、その師匠は「それは平常心を保つことだ」と答えました。

感情に惑わされずに、モチベーションを常に一定に保ち、禅の修行に励み続けることが大切だ、という意味なのです。

では、禅では、どのようにして、その平常心を保てるようにするのかと言えば、それは、座禅です。

**気持ちを落ちつけ、呼吸に意識を集中しながら、ひたすら自己と向かい合います。**

そのような精神的なトレーニングを続けることで、感情に惑わされず、平常心を保っていくことがうまくなっていきます。

やる気が持続しない、一つの行動が長続きしない、という自覚がある人は、「座禅や瞑想する時間」を生活の中に取り入れてもいいかもしれません。

## 「而今《にこん》」という精神的境地で、継続力を養う

### ◆未来のことを思わない、過去のことを考えない

禅宗の一つに、曹洞宗《そうとうしゅう》があります。

その曹洞宗の開祖は、鎌倉時代に活躍した道元《どうげん》（13世紀）という人物です。

この道元の言葉に、**「而今《にこん》」**というものがあります。

この「而今」には、「まさに今」という意味があります。

さらに言えば、この言葉は、**「今やるべきことに集中するよう心がけることが、平常心を保つコツになる」**という意味を表しています。

人は往々にして、今やるべきことに従事しながら、「今後、自分の人生はどうなってしまうのだろう」などと将来のことを不安に思ってしまいます。

あるいは、過去のことを思い出して、「あの時、どうしてあんなことをしたのだろう」と後悔したりします。

しかし、そんなふうに将来のことを不安に思ったり、過去のことを後悔することが、今やっていることへの集中力を削《そ》いでしまうことになるのです。

また、物事を継続してやっていく力を失わせてしまうことになりかねません。

そういう意味で、この道元の「而今」という言葉には、「将来のことを考えるのをやめて、過去のことを思うのもやめて、ただひたすら今やるべきことに集中する」という意味があります。

つまり、そのように未来や過去のことを思わず、今やるべきことに集中するということを心がけることで、ネガティブな感情に惑わされることなく、物事を継続していく力が養われるのです。

継続力をつけるため、この「而今」という考え方も参考にできると思います。

# 心地よい満足感が、明日へのやる気と活力を作る

## ◆不満を残さず、満足感で今日という日を終える

実業家に、大倉喜八郎《おおくらきはちろう》（19〜20世紀）という人物がいました。明治、大正時代に、同じ実業家である渋沢栄一《しぶさわえいいち》らと共に、帝国ホテルや帝国劇場を設立した人です。

また、教育にも熱心で、現在の東京経済大学の創立者でもあります。

この大倉喜八郎は、**「今日はよく働いたと夕方になって考えることほど、私にとっては大きな満足はなかった**（意訳）**」**と述べました。

この「満足」は、継続力を高めるためにも非常に大切な要素の一つになると思います。

今日やるべきことに一生懸命になって取り組んで、「よく働いた」という心地よい満

足感を得ると、その満足感は、「明日もがんばって行動しよう」という意欲を生み出すことでしょう。

そして、実際に、明日になればまた、その日一日を心地よい満足感でもって終えるために、一生懸命になって仕事に励むことになります。

反対に、大きな不満を残して、その日一日を終えてしまうのでは、それが明日への意欲や活力にはつながりません。

継続力も失われてしまうのではないでしょうか。

そういう意味で、できるだけ不満を残すことなく、満足感をもって一日を終えることが大切になります。

そして、そのためには、とにかく、今日やるべきことに全力を尽くすことが重要になるのです。

今日に全力を尽くすことで、それが物事を継続していくパワーになります。

# 第9章
# 他人のために動く

# 「自分のため」より「人のため」のほうが行動力がわく

## ◆「自分だけのため」の人は、意外と心が弱い

「あの人のために、がんばろう」と思うことで、積極的に行動できるようになります。

その「あの人」とは、たとえば、家族です。

恋人や友人という場合もあるでしょう。

同じ仕事に携わる仕事仲間や、あるいは、取引先の担当者でもあると思います。

人生の恩人や、学校時代の先生でもあると思います。

そんな愛する人、世話になっている人のために「がんばろう」と思うことで、積極的に行動していくための力がわいてくるのです。

また、「あの人のために」と思う相手がたくさんいればいるほど、行動力が増してい

きます。

人の中には、「他人のためにがんばるなんてバカらしい。自分のためにだけに生きていく」と考えている人もいるかもしれません。

しかし、そのようなエゴイスティックな人は、実は、心が弱い人なのです。

何か大きな障害に直面した時、その障害を乗り越えていくだけの精神力を保つことができないことが多いのです。

結局、そこで挫折したり、意欲を失ったりしてしまいがちです。

「自分のためにだけ」と思いながらも、その自分をみずからやる気のない人間にしてしまい、みずから自分を不幸にしてしまうことにもなりかねません。

むしろ人は「あの人のために」と思うことで、みずから実り多く人生を築き上げていくために、より積極的に行動できるものです。

したがって、**自分のやる気と行動力を引き出してくれる「あの人」とは誰なのか改めて考えてみて、その相手の存在を大切にしていく**ことが大切です。

# 人生における「すばらしい瞬間」とは何か

## ◆愛する人のためにがんばる喜びを実感する

いつも恋人の写真を持ち歩いている人がいます。

また、仕事のデスクの上に、家族の写真を飾っている人もいます。

そんな人は、時々、愛する人の写真を見て、「この人のために、がんばろう」と、みずからの意欲をかき立てているのでしょう。

確かに「愛する人のために」と思うことは、その人の意欲を高め、行動力をアップさせるために効果的な方法の一つになります。

アニメのクリエイターとして活躍し、また、実業家として現在のディズニーランドを開設した人物は、ウォルト・ディズニー（20世紀）です。

このウォルト・ディズニーは、**「人生のすばらしい瞬間というのは、自分一人のためよりも、愛する者たちのために行ったことに結びついている」**と述べました。

ウォルト・ディズニーには、愛する家族がいました。

また、愛する仕事仲間たちがいました。

そして、自分が製作したアニメのファンや、ディズニーランドに来てくれるお客さんのことも、ウォルト・ディズニーは愛していました。

そんな「愛する人たちのために」と思うことが、彼の活力源であり、また、行動力の源だったのでしょう。

みずから「自分は愛する人のために、がんばっている」と思う時、その人は生きることに大きな喜びを感じます。

その喜びを感じられる瞬間を、ウォルト・ディズニーは、「人生のすばらしい瞬間」と言い表したのです。

そして、その喜びが、彼の活力と行動力とに結びついていたのです。

## 人のために何かをすると、すばらしく行動的になる

### ◆「人のため」に、何か行動を始めてみる

アメリカの人権運動の指導者だった人物に、マーティン・ルーサー・キング（20世紀）がいます。一般に、キング牧師とも呼ばれている人物です。

当時のアメリカでは、まだ、黒人の人権が十分に認められていませんでした。

そういう状況にあってもキング牧師は、黒人の人権回復のために先頭に立って活動しました。そして、その活動の結果、ノーベル平和賞を受賞したのです。

このキング牧師は、**「人のために何かをすることで、誰もがすばらしい人になれる」**と述べました。

この言葉にある「すばらしい人」とは、どんな人を言っているのでしょうか。

それは、一つには、心やさしい人だと思います。

また、謙虚な精神を持つ人だと思います。

教養にあふれた人だとも言えるでしょう。

そして、何よりも「行動的な人」と言えるのではないでしょうか。

「人のために何かをする」ということでいっそう人のため、世の中のために積極的に行動できるようになります。

実際に、キング牧師自身が、「積極的に行動する人」でした。

黒人の人権回復のために行動を起こした彼は、それによって多くの人たちの支持を集め、その支持を背景にして、指導者としていっそう積極的に行動するようになったのです。

そのように、「人のために何かをする」ということが、その人をより行動的にしていくものなのです。

## 「ありがとう」と感謝されることで、より積極的になれる

### ◆人から感謝されることをしてみる

人のために一生懸命になってがんばると、その相手から「ありがとう」と言ってもらえると思います。

たくさんの人のために努力すると、たくさんの人たちから「ありがとう」と感謝されるものです。

人から「ありがとう」と言ってもらうのは、その本人にとっては大きな喜びになります。

「もっと人のために尽くそう」という励みにもなります。

つまり、人に感謝される喜びが、その人のさらなる行動のエネルギーになってくれ

るのです。

これが「人のために、がんばる」ということの大切な点の一つになります。

この世の中でエネルギッシュに、活動的に、色々な分野で活躍している人は、共通して「人のために尽くそう」という気持ちが旺盛です。

したがって、その人は、たえず、たくさんの人たちから「ありがとう」と感謝されているのです。

そして、その感謝される喜びを行動力のエネルギーに変えて生きているのです。

ですから、**自分のできる範囲で、人から「ありがとう」と言ってもらえるように生きていく**と行動力が高まります。

家族や友人にしても、仕事においても、みんなから「ありがとう」と感謝されるようにすることです。

そうすれば、より積極的に行動できるようになり、たくさんのことを成し遂げて充実した人生を築いていけます。

## 「期待に応えたい」という気持ちが行動力を促す

### ◆人から期待されていると実感することは、本人にとってうれしい

人のために一生懸命に尽くしている人は、自然に、周りの人たちから期待されるようになります。

「あの人なら、何とかしてくれるのではないか」
「あの人に頼めば、うまくやってくれるだろう」
「あの人が、きっと助けてくれるに違いない」

といったようにです。

そして、人から期待されることが、その人をいっそう行動的な人間にしていくのです。

「周りの人たちの期待に応えるために、がんばろう」という意欲がわき、そして、より積極的に行動するようになるのです。

そういう意味で、行動的に生きていきたいと願うのであれば、その方法の一つとして、**周りの人たちから「期待される人」になる**のが良いと思います。

そのためには、**「この人は何を望んでいるのか」ということに、いつも敏感でいること**が大切です。

相手が望んでいることがわかってこそ、本当の意味で、その人のためになることをしてあげられます。

そして、その相手から感謝され、また、期待されるようにもなります。

「私はたくさんの人に期待されている」と実感できることは、その本人にとって非常にうれしいことです。

そのうれしさが、その人の体を動かします。

そのようにして期待に応えるために積極的に行動していくことは、その本人にとっても人間的な成長につながり、また、生きがいにもなります。

## 「自己効力感」が高い人ほど、積極的に行動する

### ◆自分の長所を人のために生かす

「人から期待されている人は、より積極的に行動するようになる」ということは、心理学でもよく知られています。

心理学に、「自己効力感《じここうりょくかん》」という言葉があります。

「自分が持っている能力や人間性に信頼を置く心理」のことを言います。

わかりやすく言えば、「自分は何でもできる」「自分は難しいことでも乗り越えていける」「自分は人のため、世の中のために貢献できる存在だ」という意識を持っている、ということを示しています。

「人から期待される」ということを実感すると、その人の心の中では、この「自己効

力感」がより強くなるのです。したがって、「私は何でもできるという自信があるからこそ、より積極的に行動できる」「私は難しいことでも乗り越えていけるという自分への信頼があるからこそ、難しい局面にある人を助けるために行動を起こせる」「私は人のため、世の中のために貢献できる存在だという確信があるからこそ、さらに人のため、世の中のために貢献していこうと行動する」

このように自己効力感が高い人ほど、行動的に生きていけるのです。

では、どのようにすれば、この自己効力感を高めることができるのかと言えば、その方法の一つに、**「自分の長所を意識する」「自分の長所を生かす」**ということが挙げられます。

自分の長所は何かを考え、その長所を人のために生かすように努力します。

そうすれば、周りの人たちから期待されるようになり、そして自己効力感がアップして、より積極的に行動できるようになります。

# 相手の話をよく聞くことで、相手から期待されるようになる

## ◆一人よがりの貢献では、相手から期待されない

カナダの生理学者に、ハンス・セリエ（20世紀）という人物がいます。

世界で初めて人のストレスというものに注目し、その研究をストレス学説として確立した学者として有名です。

このハンス・セリエは、**「子供時代に期待された人間は、自分に自信を持ち、その自信が積極的な行動と成功につながる**（意訳）**」**と述べました。

ハンス・ハリエは、この言葉で「子供時代に」と言っていますが、これは「大人」になってからも同じではないかと思います。

たとえば、仕事の場では、上司や取引先、あるいはお客さんから「期待されている

人間」は、「自分に自信を持ち、その自信が積極的な行動と成功につながる」ものだと思います。

では、どうすれば上司や取引先やお客さんから期待される人間になれるのかと言えば、その方法の一つに、「相手の話をよく聞く」ということが挙げられます。

一人よがりの思いから「こうすれば、相手に喜んでもらえるはずだ」と思って行動しても、それは得てして、相手が本当に望んでいることからは的外《まとはず》れなものになってしまいがちです。

相手が望んでいることに応えてこそ、相手から期待されるようになります。ですから、まずは、先入観なしに相手の話をよく聞くことです。

そのことで、相手が何を望んでいるかがわかります。それに的確に応えれば、さらに相手から大きな期待を寄せてくれるようになります。

人から期待されることは、その本人の自信になり、みずからの成功のために積極的に行動できるようになれるのです。

## 叱られるのは「自分に期待してくれているから」と考える

### ◆叱られた時には、名誉挽回の行動を起こす

「人から叱られた」という理由で意気消沈している人がいます。

叱られると「私はダメな人間だ」と自信を失って、シュンとしたまま何もしなくなってしまい、積極的な行動力を失ってしまう人もいます。

しかし、そのままでは自分の人生に対してネガティブになっていくばかりでしょう。

そうならないために大切なのは、**「あの人は私に期待してくれているからこそ、自分を厳しく叱ってくれた」と考える**ことです。

叱られても「期待されているから」と考えることができれば、そこで意気消沈してしまうことはないでしょう。

むしろ「期待に応えられるよう、名誉挽回のためにがんばろう」と、いっそう積極的に行動できるようになるはずです。

実際に、人には、「期待しているからこそ、叱る」ということがよくあります。

何の期待もしていない相手であれば、その人はあえて叱ることなどないでしょう。

むしろ「無視する」「ほったらかしにする」ということになるのではないでしょうか。

したがって、本当に、「期待してくれているからこそ、叱ってくれた」というように考えたほうが得です。

会社などでは、ある意味、「叱られる」というのは日常茶飯事《さはんじ》と言ってもいいでしょう。しかし、叱られるたびに意気消沈して行動力を失ってしまうのでは、その仕事での成功は望めません。

叱られても、逞《たくま》しく立ち直って、再び行動を起こせば、上司や取引先はいっそう期待を寄せてくれます。

そうなれば、より積極的に行動できるようになります。

# 貢献することを生きがいにする人は、いつまでも行動的である

## ◆世の中のため、人のために貢献することを忘れない

大きな生きがいを持っている人ほど、より積極的に行動していけます。

では、その「生きがい」とは何かと言えば、一番大きいのは「自分が人のために役立っていると実感できること」ではないでしょうか。

年齢を経ても行動力が衰えることなく、老いてもなお活発に活動している人がいます。

そのような人たちの共通点に、「人のために、世の中のために役立つことをして、それを生きがいにしている」ということがあることが知られています。

たとえば、定年退職後も、別の形で何らかの仕事を持って世の中のために貢献し、そ

れを生きがいにしている人たちです。

あるいは、ボランティアなどに参加して、人のために役立つことをし、それを生きがいにしている人たちです。

このように貢献することを生きがいにしている人は、元気で、何事にも意欲的で、また、積極的に行動する人が多いのです。

そういう意味では、**何歳になっても「貢献することを生きがいにする」**ということを心がけていくのが、行動力を高めるために大切だと思います。

それが、年齢を重ねても、元気に活動していくコツになるのです。

また、若く、現役として働いている人であっても、自分の利益のためだけに仕事をするのではなく、**「仕事を通して、世の中のため、人のために貢献し、それを生きがい、働きがいにする」**という意識を持つことが大切です。

それが行動的に活躍することにつながるからです。

社会や人々にも貢献する喜びが、活発な行動力につながります。

# 自分は「人のために役立っている」と気づく

## ◆「自分は役立っている」とわかれば、積極的に行動できる

現在のパナソニックを創業し、実業家として成功した人物に、松下幸之助（19～20世紀）がいます。

この松下幸之助が興味深い話をしています。

部下が「自分の仕事に生きがいを感じられない」と不平を言った時に、松下幸之助は、その部下に、

**「その不平は間違っている。あなたの仕事の結果は、こういうふうに世間の人のために役立っている」**ということを気づかせ、

**「だから、あなたのやっている仕事は非常に尊い仕事である」**と説いたというのです。

そうすると、その部下は「自分の仕事が世間の人のために役立っている」ということに気づき、改めて仕事に生きがいを感じるようになり、そして、ふたたび行動的に仕事ができるようになったと言うのです。

この話は、生きがいを持って行動的に生きていくためには、いかに「自分が世間の人のために役立っている」ということを実感することが大切かということを示しています。

今、生きがいや働きがいを感じられず意気消沈し、行動力も失ってしまっている人がいるかもしれません。

そんな人も、実際には、周りの人たちのために大いに役立っていることをしているのではないでしょうか。

しかし、残念なことに、本人が「自分は役立っている」ということに気づいていないこともあるのです。

まずは、自分がやっていることを改めて顧《かえり》みて、「自分は役立っている」と気づくことが大切です。そうすると、行動的な人間に生まれ変われます。

# 「人のために」と思うと、エネルギーがわいてくる

## ◆「世の中の人のため」「仕事の仲間のため」と思う

アメリカの実業家に、ヘンリー・フォード（19〜20世紀）がいます。

低価格で一般大衆向けの自動車の大量生産に成功し、アメリカの「自動車王」とも呼ばれる人物です。

このヘンリー・フォードの成功の秘訣は、彼が「世の中の人のために仕事をする」「従業員のために尽くす」ということを忘れなかったことだったと言われています。

当時のアメリカでは、自動車は高級品で、一部のお金持ちにしか買えませんでした。それを「一般大衆にも自動車に乗って喜んでもらいたい」と考え、ヘンリー・フォードは自分で自動車を製造する会社を興すという行動に出たのです。

また、彼は、自分の会社で働く従業員たちのためにも尽くす人でした。

彼が創業した会社は順調に業績を伸ばしていきましたが、一時期、不況のために実績が落ち込むという状況に見舞われた時がありました。

アメリカの多くの企業は、不況の時はリストラで従業員を解雇していきました。しかし、ヘンリー・フォードは、会社経営が苦しい状況でも、従業員を解雇することはありませんでした。そこには、彼の、「社長として、従業員の生活を守る」という強い意識があったのです。

また、利益が出た時に支払う「ボーナス」を世界で初めて支給したのも、このヘンリー・フォードだったと言われています。

このように「従業員のため」という意識を強く持つことで、彼はまた積極的に行動し不況を乗り切り、再び会社の業績を伸ばしていくことに成功したのです。

このように**「人のために」という気持ちを強く持つことで、その人はパワフルに行動するエネルギーを得られる**のです。

植西 聰（うえにし・あきら）

東京都出身。著述家。

学習院高等科・同大学卒業後、資生堂に勤務。

独立後、人生論の研究に従事し、独自の『成心学』理論を確立。同時に「心が元気になる」をテーマとした著述活動を開始。

一九九五年（平成七年）、「産業カウンセラー」（労働大臣認定資格）を取得。


**○主なベストセラー著書**

・折れない心をつくるたった1つの習慣（青春出版社）
・平常心のコツ（自由国民社）
・「いいこと」がいっぱい起こる！ブッダの言葉（三笠書房）
・マーフィーの恋愛成功法則（扶桑社文庫）
・ヘタな人生論よりイソップ物語（河出書房新社）
・「カチン」ときたときのとっさの対処術（KKベストセラーズ）
・運がよくなる100の法則（集英社）
・「運命の人」は存在する（サンマーク出版）
・願いを9割実現する マーフィーの法則（KADOKAWA）


# 行動力《こうどうりょく》のコツ

結果を出せる人になる96のことば

二〇一九年（令和元年）十月十五日　初版第一刷発行

著　者　植西 聰
発行者　伊藤 滋
発行所　株式会社自由国民社
東京都豊島区高田三―一〇―一一
〒一七一―〇〇三三 http://www.jiyu.co.jp/
振替〇〇一〇〇―六―一八九〇〇九
電話〇三―六二三三―〇七八一（代表）

造　本　JK
印刷所　新灯印刷株式会社
製本所　新風製本株式会社